AUTOMATED DRIVING VEHICLE
SAFETY TEST AND ASSESSMENT METHOD

自动驾驶汽车
安全测试评估方法

刘法旺　著

人民邮电出版社
北京

图书在版编目（CIP）数据

自动驾驶汽车安全测试评估方法 / 刘法旺著．
北京 ：人民邮电出版社，2025． -- ISBN 978-7-115
-65896-8

Ⅰ．U463.61

中国国家版本馆 CIP 数据核字第 2025DW9929 号

内 容 提 要

本书重点介绍了一套面向自动驾驶汽车的系统的、可复用的、可扩展的安全测试评估方法，主要内容包括：自动驾驶汽车安全测试评估研究背景与安全测试评估体系、自动驾驶汽车生产企业安全保障能力评估方法，以及自动驾驶汽车过程保障评估方法、测试评估方法、安全监测评估方法等。此外，本书还对自动驾驶汽车安全测试评估方法的未来发展进行了展望。

本书可为汽车行业管理部门、汽车生产企业和供应商，以及技术研究机构、测试评估服务机构等相关单位的从业人员了解产业现状提供有益的参考，有助于共建自动驾驶安全生态。

◆ 著　　　　刘法旺

责任编辑　杨　凌

责任印制　马振武

◆ 人民邮电出版社出版发行　　北京市丰台区成寿寺路 11 号

邮编　100164　电子邮件　315@ptpress.com.cn

网址　https://www.ptpress.com.cn

北京宝隆世纪印刷有限公司印刷

◆ 开本：700×1000　1/16

印张：12.5　　　　　　　　　　2025 年 4 月第 1 版

字数：216 千字　　　　　　　　2025 年 4 月北京第 1 次印刷

定价：79.80 元

读者服务热线：(010)81055410　印装质量热线：(010)81055316

反盗版热线：(010)81055315

前言
PREFACE

智能网联汽车是全球汽车产业转型升级的重要战略方向，是加快发展新质生产力、深入推进新型工业化、加速构建现代化产业体系的重要载体。我国高度重视智能网联汽车技术创新和推广应用，持续加强关键核心技术攻关和新型基础设施建设，健全政策、法规和标准体系，完善产业发展环境，提升产品技术水平，加快智能网联汽车产业化进程。随着汽车的智能化、网联化发展，尤其是自动驾驶技术的持续迭代升级与逐步投入应用，汽车功能安全、预期功能安全、网络安全、数据安全等安全风险更加凸显。系统、科学、全面的安全测试评估工作是保障汽车安全运行、推动汽车产品量产应用的关键。与此同时，由于自动驾驶汽车具有多领域多学科交叉、技术实现复杂、场景工况繁杂多变、人工智能算法"黑箱"难题等特点，面向传统汽车的测试评估方法已经无法覆盖自动驾驶汽车面临的安全风险，自动驾驶汽车安全测试评估工作面临新的理论和技术挑战，测试评估方法、测试评估工具等也需要进一步丰富、完善，这些都给自动驾驶汽车的规模化应用带来了巨大的挑战。在此背景下，本书吸收、借鉴国内外理论研究与应用探索实践经验，采用系统工程思想，综合分析自动驾驶汽车面临的主要安全风险，尤其是有别于传统汽车的新安全风险，致力于研究并提出一套系统的、可复用的、可扩展的自动驾驶汽车安全测试评估方法。

本书共7章。第1章介绍自动驾驶汽车安全测试评估的研究背景，具体包括智能网联汽车的发展历程与现状、汽车安全概念的演进及主要挑战、自动驾驶汽车安全测试评估需求以及目前主要的安全管理要求。第2章介绍自动驾驶汽车安全测试评估体系，提出总体研究框架。第3章介绍针对自动驾驶汽车生产企业安全保障能力的评估方法，提出对企业管理制度、流程、人员、工具等进行评估，以更好地保障汽车产品安全要求能够切实得以落实。第4章介绍自动驾驶汽车过程保障评估方法，系统评估自动驾驶汽车功能安全、预期功能安全、网络安全和数据安全实现过程的质量水平。第5章介绍自动驾驶汽车测试评估方法，主要包括基于场景的测试（模拟仿真测试、封闭场地测试和实际道路测试）、软件升级测试、数据记录测试、网络安全和数据安全测试等内容。第6章介绍自动驾驶汽车安全监测评估方法，探索、研究安全事件监测和软件升级监测评估工作。第7章介绍自动驾驶汽车安全测试评估方法未来的主要发展方向，包括自动驾驶汽车安全测试评估方法优化、多方协同模拟仿真测试体系等内容，以及车路云一体化场景下的自动驾驶安全。

在进行调研、分析和撰写本书的过程中，作者得到了工业和信息化部装备工业发展中心、北京镝石数据科技有限公司、北京赛目科技股份有限公司、中国汽车工程研究院股份有限公司、上海机动车检测认证技术研究中心有限公司、襄阳达安汽车检测中心有限公司、中国汽车技术研究中心有限公司、招商局检测车辆技术研究院有限公司、中国软件评测中心（工业和信息化部软件与集成电路促进中心）、国汽（北京）智能网联汽车研究院有限公司、中国第一汽车集团有限公司、重庆长安汽车股份有限公司、长城汽车股份有限公司、广州汽车集团股份有限公司等单位的大力支持。此外，徐晓庆、陈贞、李京泰、李艳文、张微、曹建永、张志强、唐春蓬、邵学彬、潘鹏、吴超、张晋崇、牛成勇、王伟、周讨莹、梁锋华、梁伟强等同志参与了本书部分章节的技术研讨和论证工作。

汽车领域的技术革新从未止步，产品创新也从未停歇，安全测试评估方法不可能一成不变，需要持续不断地改进以更好地适应产业发展和安全管理需要。作为探索性研究成果，自动驾驶汽车安全测试评估方法需要随着自动驾驶技术的发展和应用实践的深入不断完善。限于当前对自动驾驶汽车安全问题的研究深度与理解认识水平，本书难以全面覆盖自动驾驶汽车安全测试评估的理论与技术问题，不足之处敬请行业专家、学者批评指正。我和同事们将基于实证持续深化自动驾驶汽车安全测试评估方法的研究，促进该方法的应用和完善，助力我国智能网联汽车安全水平提升，促进汽车产业高质量发展。

刘法旺

2024 年 8 月于北京

目录
CONTENTS

第3章　自动驾驶汽车生产企业安全保障能力评估方法

第4章 自动驾驶汽车过程保障评估方法

第5章 自动驾驶汽车测试评估方法

第6章　自动驾驶汽车安全监测评估方法

附录 术语解释

第 1 章

自动驾驶汽车安全测试评估研究背景

汽车产业的产业链长、涉及面广、市场规模大、连接带动效应强，对于工业转型升级和相关产业发展都具有显著的促进作用，在全球工业强国和经济大国的产业体系中一直占据着重要地位。纵观汽车的百年发展历史，汽车一直被视为多领域技术创新的集大成者和"现代工业皇冠上的明珠"，技术革新与产品创新始终贯穿其中并发挥着关键作用。伴随着新一轮科技革命和产业变革，在以数字化、智能化、网联化为典型特征和以新能源、新材料、新装备、新工艺等为融合创新标志的第四次工业革命中，汽车的内涵和外延在发生变化，汽车正在从机械类交通运载工具延展成为大型智能移动终端、数字空间以及支撑推动智能交通、智慧能源、智慧城市等协同创新的关键要素。基于电动化、智能化、网联化的先进汽车技术，正在逐步从概念走向现实，智能网联汽车（Intelligent and Connected Vehicle，ICV）已经成为全球汽车产业发展的战略方向和国家工业化水平的重要体现。

1.1 智能网联汽车的发展历程与现状

1.1.1 智能网联汽车的发展历程

全球范围内，智能网联汽车技术的应用可以追溯到 20 世纪 80 年代。20 世纪 80 年代初，美国开始进行智能网联汽车技术的军事化应用研究，如美国国防部高级研究计划局（Defense Advanced Research Projects Agency，DARPA）大规模资助了自动驾驶陆地车辆的军事化应用研发。欧洲从 20 世纪 80 年代中期开始进行自动驾驶技术研发，初期偏重单车自动化和智能化研究，如 1987 年慕尼黑联邦国防军大学、戴姆勒（现更名为梅赛德斯 – 奔驰）、宝马等研发机构和汽车生产企业在欧洲联合启动了普罗米修斯计划（PROgraMme for a European Traffic of Highest Efficiency and Unprecedented Safety，PROMETHEUS），研发无人驾驶技术。日本的智能网联汽车技术研发起步虽然晚于欧美，但在技术应用方面的探索较为深入。从 20 世纪 90 年代开始，日本高级巡航辅助公路系统研究协会（Advanced Cruise-Assist Highway System Research Association，AHSRA）发起了高级安全车辆（Advanced Safety Vehicle，ASV）项目，开展无人驾驶技术研究，并陆续将盲区监测、车道保持等高级驾驶辅助系统（Advanced Driving Assistance System，ADAS）应用于量产车辆。

近年来，全球已经逐步形成了一定规模的智能网联汽车产业生态。2009年，美国科技巨头谷歌宣布布局自动驾驶，在全球掀起了智能网联汽车产业的发展热潮。随后，以美国、欧盟、日本等为代表的全球主要发达国家和地区，将智能网联汽车的创新发展上升到国家战略，纷纷制定发展规划、加快产业布局，通过政策支持、技术研发、法规标准、示范应用等多项措施，逐步完善顶层设计，加快推动产业化进程，努力抢占发展先机。

2010 年、2015 年和 2020 年，美国交通部（Department of Transportation，DOT）先后发布了 3 版《智能交通系统战略计划》，提出了大力发展智能网联汽车技术及应用，列出了汽车网联化与智能化的发展目标和方向，并成立了交通研究中心（Transportation Research Center，TRC）进行智能网联汽车大规模测试示范，积极推动智能网联汽车法律法规及标准化工作。2016—2020 年，美国交通部陆续发布了《联邦自动驾驶汽车政策》《自动驾驶系统 2.0：安全愿景》《准备迎接未来交通：自动驾驶汽车 3.0》《确保美国在自动驾驶技术领域的领先地位：自动驾驶汽车 4.0》，逐步确定智能网联汽车研发、应用与发展的国家性指导方针。

2010—2012 年，欧盟委员会先后发布了"Horizon 2020"计划、"欧盟未来交通研究与创新计划"等发展规划，部署智能交通和智能汽车发展战略目标，推动关键技术创新应用研究。2015 年，欧盟委员会发布《欧洲自动驾驶智能系统技术路线》，提出了欧洲的自动驾驶发展战略。2016 年，欧盟委员会通过《合作智能交通系统战略》，促进欧盟范围内互联和自动驾驶监管框架的融合。2018年，欧盟委员会发布《通往自动化出行之路：欧盟未来出行战略》，强调要使欧盟在网联和自动驾驶领域处于世界领先地位。2022 年，欧盟道路交通研究咨询委员会（European Road Transport Research Advisory Council，ERTRAC）发布《网联、协作和自动化出行路线图》，提出欧盟发展网联、协作和自动化出行的 2030 议程、2040 展望和 2050 愿景。

2013 年，日本政府公布了《创建最尖端 IT 国家宣言》，并于当年启动了战略性创新创造（Strategic Innovation Promotion，SIP）计划，旨在联合地方政府、产业界及学术界，促进高新技术的发展。2014 年，日本政府发布了《官民

ITS 构想·路线图》，在国家层面提出了智能交通 / 自动驾驶发展战略，同时根据产业发展形势变化每年对其进行修订，协同政府各部门推进自动驾驶商业化。2018 年，日本政府通过了《未来投资战略 2018——迈向社会 5.0 和数据驱动型社会的变革》，提出改进自动驾驶相关的方针政策，并通过投资自动驾驶等新技术的研发来推动日本经济增长。

在我国，自 20 世纪 90 年代起，部分高校和研究机构陆续开展了自动驾驶技术的研发工作。例如，国防科技大学先后研制了 CITAVT-I 、CITAVT-II 型无人驾驶车，实现了结构化道路环境下单车智能化的技术储备。自 2009 年以来，国家自然科学基金委员会举办 "中国智能车未来挑战赛"，吸引多所高校和研究机构参与。从 2011 年开始，工业和信息化部连续多年通过政策和资金支持，持续推动智能网联汽车技术研发和产业化进程；科学技术部在智能网联汽车、车路协同、车联网等方面，通过国家自然科学基金、国家重点研发计划等方式不断给予研发支持。2020 年，国务院办公厅发布《新能源汽车产业发展规划（2021—2035 年）》，提出重点推动新能源汽车的电动化、网联化、智能化互融协同发展。同年，国家发展和改革委员会等十一部委联合发布《智能汽车创新发展战略》，明确智能网联汽车产业的重要战略意义，提出建设智能网联汽车技术创新体系、产业生态体系、基础设施体系、法规标准体系、产品监管体系和网络安全体系 6 个方面的重点任务。

为促进汽车智能化、网联化的技术研发和产业化应用，规范智能网联汽车道路测试的管理工作，推动我国智能网联汽车道路测试工作安全、有序进行，2018 年 4 月，工业和信息化部、公安部、交通运输部联合发布《智能网联汽车道路测试管理规范（试行）》，明确道路测试的管理要求和职责分工，规范和统一各地方基础性检测项目和测试规程。根据文件精神，全国多个省（区、市）随后出台实施细则、建设测试示范区、开放测试道路、发放测试牌照，部分地区还开展了载人载物示范应用，促进我国智能网联汽车产业发展取得积极成效，基本与全球先进水平处于 "并跑" 阶段。

随着道路测试工作的不断深入，行业企业、研究机构等提出进一步放开高速公路、无安全员测试等需求。2020 年 7 月，国务院办公厅印发《关于进一步优化营商环境 更好服务市场主体的实施意见》，提出在特定路段和区域探索开展智能网联汽车示范应用、统一自动驾驶功能测试标准、推动测试结果全国通用互认等要求。为贯彻落实国务院文件要求，适应行业新的发展需求，推动道路测试向示范应用扩展，2021 年 7 月，工业和信息化部、公安部、交通运输部联合发布《智能网联汽车道路测试与示范应用管理规范（试行）》。在国家宏观政策的指导下，全国多地积极开展智能网联汽车道路测试与示范应用，持续探索管理政策与措施的突破，已经率先实现驾驶辅助和特定场景下的有条件自动驾驶，并持续向高阶自动驾驶演进，为自动驾驶汽车的规模化应用和管理积累了经验。

作为国民经济战略性、基础性和支柱性产业，汽车产业是加快推进新型工业化、构建现代化产业体系的关键，也是加快推进制造强国和网络强国建设的必然选择。中国的汽车产业抓住电动化、智能化、网联化转型机遇，着力推动技术创新、产品创新和市场创新，培育新增长点，成效显著。2023 年，我国全年汽车产销量首次双双迈上 3000 万辆台阶，连续 15 年成为世界第一大汽车生产国与消费国；新能源汽车产销分别完成 958.7 万辆和 949.5 万辆，连续 9 年位居世界第一，在国内的汽车市场占有率达到 31.6%；汽车出口 491 万辆，首次跃居全球第一。可以预见，未来一段时间内，我国将继续保持世界第一大汽车生产国和第一大汽车消费市场的地位，消费者的高品质出行服务需求巨大。作为智能化、网联化的出行产品，智能网联汽车有助于解决困扰汽车产业发展的安全、拥堵、排放、能源等社会问题，有利于提高消费者出行的舒适度和效率，具有广阔的市场前景，未来可期。

1.1.2　汽车驾驶自动化分级

汽车驾驶自动化是全球汽车技术与产业的重要发展方向，在为人们提供更加安全、高效、舒适、便捷的出行方式与运输解决方案的同时，也在不断与人工智能、电子信息、信息通信、智慧城市、智能交通等领域的技术深度交叉融合，并正在重塑汽车产业生态和价值链体系。驾驶自动化功能是智能网联汽车的核心功能，确立驾驶自动化分级制度，有利于强化对驾驶自动化系统的分类管理，对智能网联汽车的研发、生产和使用也具有十分重要的指导意义，还可为智能网联汽车相关方针政策、法律法规和标准规范等的研究、编制提供支持。

近年来，国际组织以及汽车产业主要国家、地区的法规标准组织广泛开展了汽车驾驶自动化分级研究。美国公路交通安全管理局（National Highway Traffic Safety Administration，NHTSA）2013 年率先提出将汽车驾驶自动化分为无自动化、特定功能自动化、组合功能自动化、有条件自动化和完全自动化 5 个等级。德国联邦交通研究所（Btmdesanstalt Fair StraBen wesen，BASt）根据研究，将汽车驾驶自动化分为仅驾驶员、驾驶辅助、部分自动驾驶、高度自动驾驶和完全自动驾驶 5 个等级。

目前，影响较大、应用较广泛的驾驶自动化分级标准之一是国际自动机工程师学会（Society of Automotive Engineers International，SAE International）制定的标准——SAE J3016《道路机动车辆自动驾驶系统相关术语的分类和定义》。第一版 SAE J3016 于 2014 年 1 月发布，提出了 0 ~ 5 级驾驶自动化分类框架和原则，将汽车驾驶自动化分为从无驾驶自动化（0 级）至完全驾驶自动化（5 级）在内的 6 个等级。2016 年美国交通部发布了关于自动化车辆的测试与部署政策指引——《联邦自动驾驶汽车政策》，该政策指引被明确确立为定义自动化 / 自动驾驶车辆的行业参照标准，用以评定自动驾驶技术。此后，全球诸多汽车行业企业也采用 SAE J3016 对自身相关的产品进行技术定义。

随着驾驶自动化技术的迅速发展，在 SAE J3016 的基础上，SAE International 与国际标准化组织（International Organization for Standardization，ISO）合作制定了新版 SAE J3016: 2021《SAE J3016 推荐实践：道路机动车辆驾驶自动化系统相关术语的分类和定义》，并于 2021 年 4 月正式发布，内容如图 1–1 所示。此外，ISO 与 SAE International 组成国际标准联合起草组，于 2021 年 7 月完成了汽车驾驶自动化分级标准 ISO/SAE PAS 22736: 2021《道路机动车辆驾驶自动化系统相关术语的分类和定义》的制定。

按照 SAE J3016: 2021 的分级原则，各级驾驶自动化的名称及定义如下。

（1）0 级驾驶自动化（无驾驶自动化，No Driving Automation）：驾驶员依旧执行全部动态驾驶任务（Dynamic Driving Task：DDT），即使辅以主动安全系统。

（2）1 级驾驶自动化（驾驶辅助，Driver Assistance）：系统持续执行特定设计运行范围（Operational Design Domain，ODD）内动态驾驶任务的车辆横向或纵向运动控制子任务（不能同时执行横向和纵向运动控制两个子任务），驾驶员执行其余动态驾驶任务。

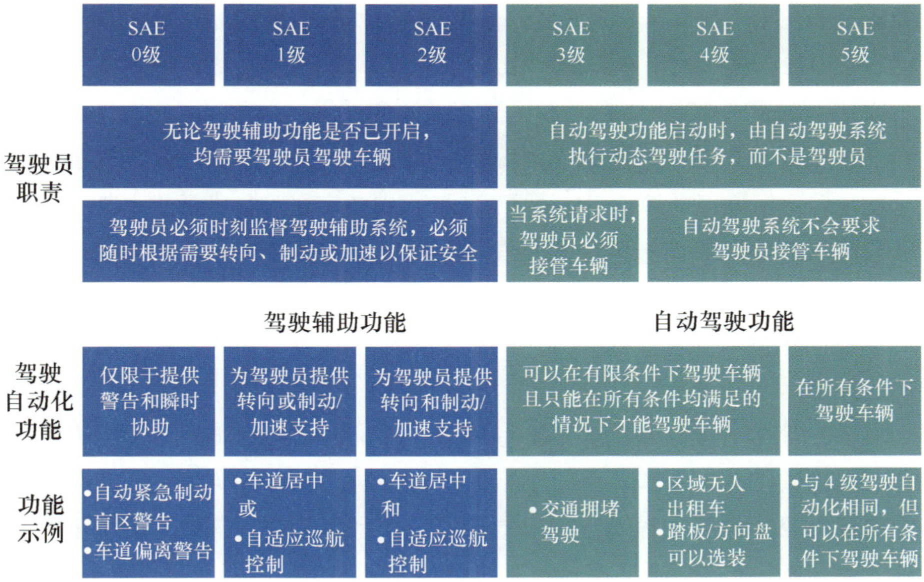

SAE 0级	SAE 1级	SAE 2级	SAE 3级	SAE 4级	SAE 5级

| 驾驶员职责 | 无论驾驶辅助功能是否已开启，均需要驾驶员驾驶车辆 | | | 自动驾驶功能启动时，由自动驾驶系统执行动态驾驶任务，而不是驾驶员 | | |
| | 驾驶员必须时刻监督驾驶辅助系统，必须随时根据需要转向、制动或加速以保证安全 | | | 当系统请求时，驾驶员必须接管车辆 | 自动驾驶系统不会要求驾驶员接管车辆 | |

驾驶辅助功能　　　　　　　　　　自动驾驶功能

| 驾驶自动化功能 | 仅限于提供警告和瞬时协助 | 为驾驶员提供转向或制动/加速支持 | 为驾驶员提供转向和制动/加速支持 | 可以在有限条件下驾驶车辆且只能在所有条件满足的情况下才能驾驶车辆 | 在所有条件下驾驶车辆 | |
| 功能示例 | ●自动紧急制动
●盲区警告
●车道偏离警告 | ●车道居中或
●自适应巡航控制 | ●车道居中和
●自适应巡航控制 | ●交通拥堵驾驶 | ●区域无人出租车
●踏板/方向盘可以选装 | ●与4级驾驶自动化相同，但可以在所有条件下驾驶车辆 |

图1-1　SAE J3016：2021中的驾驶自动化分级

（3）2级驾驶自动化（部分驾驶自动化，Partial Driving Automation）：系统持续执行特定设计运行范围内动态驾驶任务的车辆横向和纵向运动控制子任务，驾驶员执行目标和事件探测与响应（Object and Event Detection and Response，OEDR）子任务并监督驾驶自动化系统。

（4）3级驾驶自动化（有条件驾驶自动化，Conditional Driving Automation）：系统执行特定设计运行范围内的全部动态驾驶任务，驾驶员作为系统后援用户，接收系统发出的介入请求，并做出适当的响应。

（5）4级驾驶自动化（高度驾驶自动化，High Driving Automation）：系统持续执行特定设计运行范围内的全部动态驾驶任务。

（6）5级驾驶自动化（完全驾驶自动化，Full Driving Automation）：系统无条件持续执行全部动态驾驶任务。

在政策和市场的双擎牵引下，我国的汽车驾驶自动化技术发展迅速，产业生态和商业模式正在从示范应用不断走向成熟，企业的产品量产计划逐步提上日程。针对国际范围内汽车驾驶自动化分级方案不统一，特别是各相关方对驾驶自动化理解和认识的差异给行业管理、企业产品研发及宣传、消费者认知及使用等带来的不便，根据《国家车联网产业标准体系建设指南（智能网联汽车）》

的要求，我国于 2021 年 8 月发布了汽车驾驶自动化分级推荐性国家标准 GB/T 40429—2021《汽车驾驶自动化分级》。

GB/T 40429—2021 综合考虑国际相关研究成果、立足我国产业发展及管理需要，根据驾驶自动化系统为人类服务能力的不同提出分级方案，规定汽车驾驶自动化分级所遵循的原则、分级要素、各级别的定义和技术要求框架，并基于驾驶自动化系统能够执行动态驾驶任务的程度，根据在执行动态驾驶任务中的角色分配以及有无设计运行条件（Operational Design Condition，ODC）限制，将驾驶自动化分成 0 ～ 5 级共 6 个等级。各级驾驶自动化的名称、定义以及典型功能如下。

（1）0 级驾驶自动化（应急辅助，Emergency Assistance）：系统不能持续执行动态驾驶任务中的车辆横向或纵向运动控制，但具备持续执行动态驾驶任务中的部分目标和事件探测与响应的能力。换言之，驾驶自动化系统可以探测车外驾驶环境或车内驾乘人员状态，提供与安全性相关的提示、报警或短暂横 / 纵向控制等功能。这与 SAE J3016: 2021 中定义的 0 级驾驶自动化存在一定的不同，比如，提出了对应的目标和事件探测与响应的能力要求。0 级驾驶自动化典型的功能有驾驶员疲劳监测、车道偏离预警、自动紧急制动和自动紧急转向等。

（2）1 级驾驶自动化（部分驾驶辅助，Partial Driver Assistance）：系统在其设计运行条件下持续地执行动态驾驶任务中的车辆横向或纵向运动控制，且具备与所执行的车辆横向或纵向运动控制相适应的部分目标和事件探测与响应的能力。驾驶自动化系统可提供持续的横向或纵向单方向运动控制，减轻部分驾驶负担，但驾驶员仍然需要时刻关注驾驶环境并控制车辆另一个方向上的运动。1 级驾驶自动化典型的功能有自适应巡航、车道居中控制等。

（3）2 级驾驶自动化（组合驾驶辅助，Combined Driver Assistance）：系统在其设计运行条件下持续地执行动态驾驶任务中的车辆横向和纵向运动控制，且具备与所执行的车辆横向和纵向运动控制相适应的部分目标和事件探测与响应的能力。驾驶自动化系统可同时提供持续的横向和纵向组合运动控制。2 级驾驶自动化典型的功能有领航辅助驾驶（Navigate on Pilot，NOP）等。

（4）3 级驾驶自动化（有条件自动驾驶，Conditionally Automated Driving）：系统在其设计运行条件下持续地执行全部动态驾驶任务。在设计运行条件下，驾驶自动化系统可以实现自动驾驶，让用户在特定场景下完全从驾驶任务中脱离出来，但用户还是要保持接管能力，以及时处理特殊情况。3级驾驶自动化典型的功能有高速公路拥堵环境自动驾驶、城区快速路自动驾驶等。

（5）4级驾驶自动化（高度自动驾驶，Highly Automated Driving）：系统在其设计运行条件下持续地执行全部动态驾驶任务并自动执行最小风险策略（Minimal Risk Maneuver，MRM）。在设计运行条件下，系统可实现自动驾驶并在必要时自动执行最小风险策略。4级驾驶自动化典型的功能和应用有自动驾驶出租车（Robotaxi）、固定路线无人接驳巴士、自主代客泊车（Automated Valet Parking，AVP）等。

（6）5级驾驶自动化（完全自动驾驶，Fully Automated Driving）：系统在任何可行驶条件下持续地执行全部动态驾驶任务并能在特殊情况下自动执行最小风险策略，实现最小风险状态（Minimal Risk Condition，MRC）。由于完全自动驾驶的技术研发、安全管理等挑战更大，现阶段尚未实现。

综合来看，在汽车驾驶自动化的6个等级中，0～2级为驾驶辅助，驾驶自动化功能只用于支持和协助驾驶员执行动态驾驶任务，驾驶主体仍为驾驶员，属于低级别的驾驶自动化；3～5级属于高级别的驾驶自动化，当功能被激活时，系统可以代替驾驶员执行动态驾驶任务，此时驾驶主体是系统。因此，可以认为"自动驾驶"是高级别（3～5级）驾驶自动化的统称。具有高级别驾驶自动化功能的智能网联汽车，通常被称为自动驾驶汽车。

本书主要依据GB/T 40429—2021划分驾驶自动化等级，研讨的重点是具有3级和4级驾驶自动化功能的智能网联汽车安全测试评估方法。因此，后续章节中的智能网联汽车一般特指具有3级和4级驾驶自动化功能的自动驾驶汽车。

1.2　汽车安全概念的演进及主要挑战

随着自动驾驶功能的逐步落地应用，驾驶责任主体由驾驶员向驾驶自动化系统转移，相比传统汽车，自动驾驶汽车所面临的安全问题更加复杂。自动驾驶系统（Automated Driving System，ADS）是自动驾驶汽车的"大脑"，也是自动驾驶汽车区别于传统汽车的主要特征。其技术实现复杂，存在内部模块组合、与车辆其他系统耦合以及与外部环境交互等多重复杂性，同时面临人工智能算法"黑箱"等难题，因此由功能不足带来的不合理安全风险更加不容忽视，自动驾驶汽车面临的安全风险更加凸显。智能网联汽车软件迭代升级，算法训练、软件升级等涉及车端、云端系统和数据，如果处理不当，还会带来网络安全和数据安全风险。

目前，针对汽车安全问题，国内外多从功能安全、网络安全等相对单一的维度开展研究，系统性的研究、分析比较少。根据定义，自动驾驶系统是能够持续执行全部动态驾驶任务的硬件和软件的集合，是自动驾驶汽车的核心和实现车辆自动驾驶功能的关键，应通过先进的技术手段确保车辆的安全、平稳运行。按照系统论的观点，事物的整体大于其各个部分之和，而整体的本质属性并不是其各个部分属性的简单总和。作为复杂信息物理系统的自动驾驶汽车，由感知、决策、控制、执行等多个部分组成，是各个部分在相互作用和相互影响中形成的有机整体，并不是各个部分的简单堆叠。由于复杂系统的涌现性特征，基于自动驾驶系统特定设计运行条件下的功能和性能表现，无法全面、准确地预测车辆的行为和安全特性，自然也不能有效地表征自动驾驶汽车的安全性。

根据系统工程理论，应强调从整体和系统的角度看待问题，将产品或系统视为一个整体，首先分析各部分之间的相互作用和影响。对于自动驾驶汽车的安全测试评估方法研究，应该运用系统思维和系统科学方法，从整车视角出发，观察、分析自动驾驶汽车面临的安全问题，系统梳理安全构成要素、影响因素、危害因素以及各要素之间的关联关系，进而科学分析汽车安全风险，有针对性地采取保障机制和应对措施，确保安全目标的实现。

本节致力于综合研究、分析汽车安全问题，系统梳理汽车安全概念的演进和关联关系，进一步明确在智能化、网联化背景下车辆所面临的主要安全风险。

1.2.1　汽车安全概念的演进

汽车安全是指车辆处于没有对生命、财产、环境等造成伤害的状态[1]。随着技术的变革，汽车面临的安全风险和安全需求也在不断变化，只有系统分析汽车技术发展及其安全问题，才能客观、全面地认识汽车安全。本小节将重点介绍汽车被动安全、主动安全、功能安全（Functional Safety，FUSA）、预期功能安全（Safety of the Intended Functionality，SOTIF）、网络安全（Cyber Security）、数据安全（Data Security）等安全问题。

技术变革是一把"双刃剑"，在带动汽车产业发展和应用服务创新的同时，会引入新的安全风险，需要建立新的安全理念和安全管理体系，采取必要的管理手段和技术措施，以降低相应的风险，把总体风险控制在合理、可接受的范围内。MARIUS[2]梳理了汽车技术和安全技术的发展，本小节在此基础上进一步加以拓展和细化，将汽车的技术变革路线划分为机械化、电子化、电动化、智能化 + 网联化 4 个阶段，并总结各阶段所面临的新的安全风险，归纳形成汽车安全内涵和外延的变化规律，如图 1-2 所示。综合来看，各阶段的技术变革并不孤立，而是相互关联、融合发展的。

汽车的一般安全主要涵盖视野、指示与信号装置、车辆结构与防盗、电磁兼容等内容，主动安全和被动安全以碰撞事故的发生阶段作为界限进行划分。被动安全技术是指通过对车体结构和约束系统进行设计、优化，在事故发生过程中及事故发生后减轻驾乘人员和行人受到的伤害。主动安全技术则是指基于先进的防范措施避免事故发生或减轻事故造成的伤害[3]，即"不治已病治未病"。

汽车自发明和应用以来，便存在机械失效和碰撞等安全风险。然而，直到20 世纪 60 年代，汽车安全的重要性才受到社会的广泛重视。应用以安全带、座椅头枕、安全气囊等为代表的被动安全部件，有效减轻了事故中驾乘人员可能受到的伤害。防抱死制动系统、车身电子稳定系统、自动紧急制动系统等主动安全系统的应用，进一步提升了汽车的安全水平[4-5]。

随着电气化技术在汽车上逐步应用，电子电气系统故障能够造成的潜在危害增大，由车辆电子电气系统的功能异常引起的功能安全问题逐渐引起行业的关注。ISO 组织行业制定的功能安全标准 ISO 26262: 2018《道路车辆 功能安全》规定了与安全相关的道路车辆电子电气系统在概念、开发、生产、运行等生命周期内的功能安全技术开发要求和开发流程要求，旨在为汽车电子电气系统提供统一的功能安全标准。

随着电动化的发展，汽车从搭载内燃机的燃油汽车开始向新能源汽车演进。在此背景下，对于新能源汽车而言，新增的安全问题主要来源于电池系统。RESSLER[6]研究了新能源汽车的安全问题，分析了相关安全问题的成因，提出需要从产品全流程和多个安全角度去降低新能源汽车的安全风险，包括一般安全、主 / 被动安全和功能安全等方面的风险。

汽车发展阶段	技术变革	新的安全风险	安全的内容
蒸汽机	机械化	机械失效、碰撞风险	一般安全：视野、指示与信号装置、车辆结构与防盗、座椅头枕、安全气囊等
内燃机	电子化	电子电气系统功能异常	被动安全：安全带、主动安全：防抱死制动系统、车身电子稳定系统、自动紧急制动系统、车道偏离预警系统等
新能源	电动化	新能源安全风险	功能安全
智能网联	智能化+网联化	功能不足、网络攻击、数据泄露等	预期功能安全 网络安全和数据安全

电磁兼容等

汽车自身安全属性
汽车自身及其所在道路交通所在的安全

社会属性
涉及公共网络、地图测绘、云平台等

汽车安全的内涵和外延发生变化

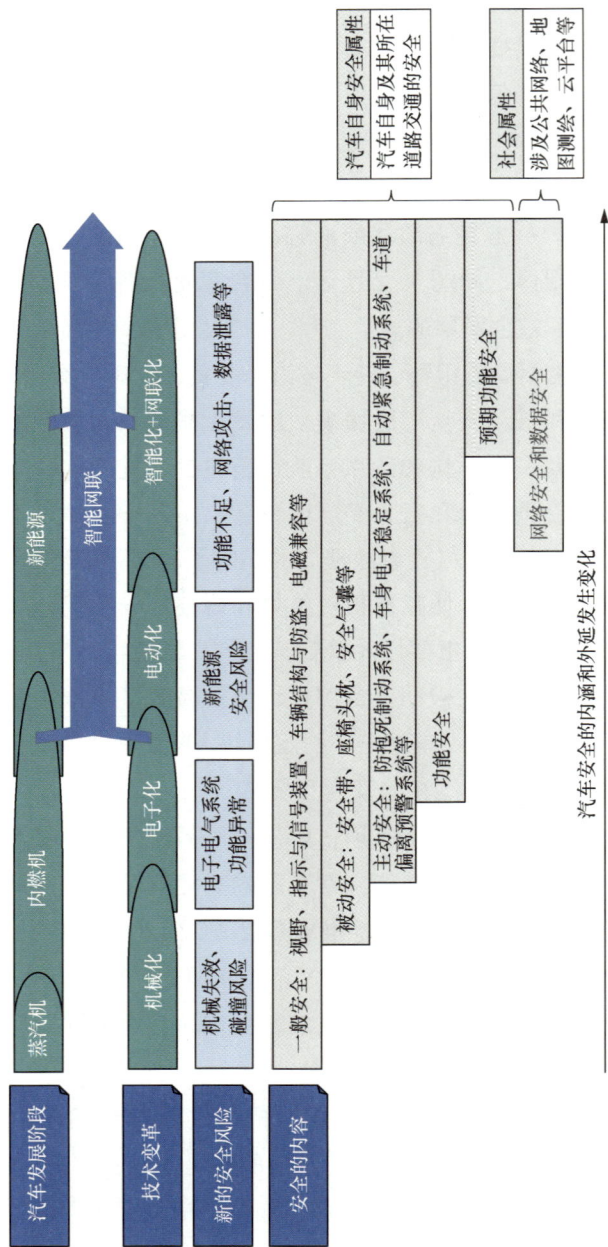

图1-2　汽车技术变革与安全演进

随着智能化技术的不断发展和应用，汽车驾驶自动化等级不断提升，系统在功能设计阶段的安全考虑愈发重要。同时，自动驾驶系统在非功能故障条件下面临的安全问题，需要通过采取预期功能安全措施来保障。根据定义，预期功能安全重点保障因预期功能或其实现的功能不足而导致的不合理的风险。国际标准 ISO 21448: 2022《道路车辆 预期功能安全》提供了保障预期功能安全的通用论证框架和指南，为实现和保持预期功能安全所需的相关设计、验证与确认措施以及运行阶段的相关活动提供了指导。

随着网联化的发展，车辆具备了更广泛的社会属性，与外部的通信、交互更加频繁，网络安全风险扩展至通信链路和云端[7]。网络安全重点保障车辆电子电气系统、组件和功能免遭网络威胁，确保车辆及其功能处于被保护的状态。国际标准 ISO/SAE 21434: 2021《道路车辆 网络安全工程》对网络安全的要求覆盖了车辆产品生命周期，包括概念、开发、生产、运维、报废等阶段，为开发人员提供了全面的技术开发和流程保障指导。

随着车辆智能化和网联化水平的提高，数据作为智能网联汽车技术发展的关键要素，数据安全问题愈发凸显。数据安全重点保障相关数据处于被有效保护和合法利用的状态，并确保数据处于持续安全状态[8]。智能网联汽车作为智能交通、智慧城市等的重要组成部分，与云端深度融合，数据安全涉及的范围进一步扩大，从车辆用户的个人信息和隐私安全延伸至社会公共安全甚至国家安全。当前，多个国家和地区已发布了相关的政策法规，对智能网联汽车相关数据的采集、存储、使用等提出规范化管理要求[9-11]。

基于以上对汽车技术变革和安全问题的梳理可以发现，汽车安全风险正在不断地延伸和扩展，汽车安全的内涵和外延也在持续发生变化。对于汽车安全问题的研究和保障，不仅需要汽车生产企业、供应商、科研机构等多方的持续合作，也需要政策制定者、行业机构和社会公众广泛参与和支持。只有这样，才能使自动驾驶技术与产品真正服务于提高人民的生产效率和生活质量，而不是使之成为痼疾。

1.2.2　汽车安全的关联关系

总体来看，汽车安全大体可以分为两大类：与碰撞事故直接相关的安全，以及与危害或威胁相关的安全，如图 1-3 所示。与碰撞事故相关的安全技术，包括主动安全技术和被动安全技术，可通过两类技术预防、避免、减轻车辆事故伤害。两类技术在保护车内驾乘人员、车外弱势交通参与者等方面相互补充，是汽车安全的关键基础。与危害或威胁相关的安全方法，包括功能安全、预期功能安全、网络安全和数据安全，侧重从产品生命周期的角度进行安全保障。危害或威胁是碰撞事故的潜在来源之一，如果危害或威胁没有得到有效控制，则可能导致系统失效、信息泄露、车辆失控等安全问题。

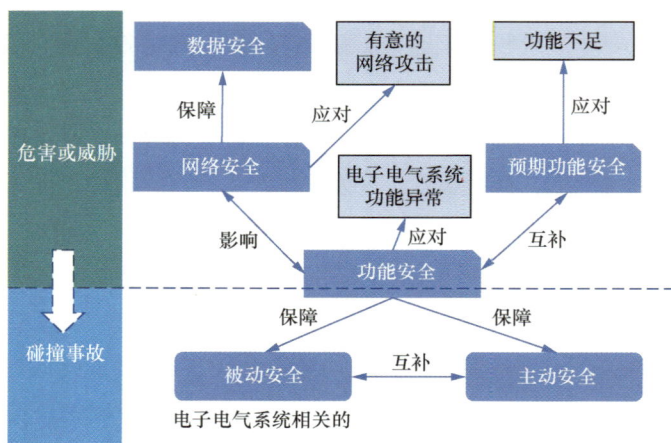

图1-3 汽车安全分类和关联关系

功能安全危害主要来自车辆的电子电气系统功能异常，网络安全威胁主要来自车辆外部有意的网络攻击，而预期功能安全问题的风险因素既有车辆内部的功能局限，也有车辆外部复杂环境的影响。

功能安全和预期功能安全之间紧密相连、相互补充。功能安全致力于确保即使在系统出现故障的情况下，也能够通过冗余设计、安全机制等措施将风险降至最低，重点保障主动安全系统以及与电子电气系统相关的被动安全系统（如安全气囊）的安全，可以通过功能安全设计预防、避免碰撞事故，或减轻碰撞事故后的二次伤害。预期功能安全的风险主要包括系统功能的局限性、环境因素以及人员误用等，强调在设计阶段就开始考虑并预测这些潜在风险，从而采取相应的预防措施，确保车辆在预期使用场景下能够安全、可靠地运行。

网络安全重点关注的是如何确保车辆的电子电气系统、组件和功能免遭网络攻击及威胁，确保车辆及其功能处于被保护的状态，保障其连续、可靠、正常地运行。数据安全保障用户个人信息和重要数据不因网络威胁而泄露，确保数据处于被有效保护和合法利用的状态。随着汽车电子控制系统、自动驾驶、驾驶辅助、车联网等技术的不断发展，驾驶员的个人信息、车辆性能数据等都需要得到相应的安全保护。

汽车数据安全和网络安全之间同样存在紧密而复杂的关系。对比来看，网络安全侧重于保障网络设施、通信协议、数据加密等的安全，进而确保系统的稳定性和数据的安全性，更多地关注黑客入侵等来自网络空间的威胁和攻击。这些攻击可能导致网络系统瘫痪或数据丢失，网络安全需要为数据安全提供必要的安全保障。数据安全更加关注来自内部或外部的数据泄露、篡改等风险，防止攻击者利用漏洞、不当操作等方式获取敏感数据，致力于避免出现用户隐私泄露等安全问题。

虽然网络安全和功能安全在关注领域、分析对象和分析方法等方面存在差异，之前的研究也相对比较独立，但是随着汽车智能化和网联化的加速融合发展，汽车网络安全和功能安全的集成化程度越来越高，二者之间的关系日益紧密。一方面，网络安全系统目前已经成为车辆的重要组成单元，人们自然需要关注网络安全系统的功能安全问题；伴随着车辆的网联化发展，在进行车辆功能安全危害分析时，也越来越需要考虑外部攻击等因素。另一方面，伴随着汽车技术的不断发展和跨界融合，在进行车辆安全分析时，需要更好地综合运用网络安全和功能安全两种分析方法，在风险识别与评估、安全目标与需求的制定以及综合安全分析等方面相互借鉴和补充，以更好地识别潜在风险并评估其严重程度，制定明确的安全目标与需求，提高风险识别的准确性、评估的有效性和汽车系统的整体安全性。实际上，ISO 26262: 2018 已经从管理、协调计划、项目进度、现场监督等方面提供了有关功能安全和网络安全之间潜在交互作用的指南，致力于推动在产品研发过程中加强关联分析和业务协同。KAVALLIERATORS 等 [12] 研究了功能安全和网络安全的相互依存关系，提出了在车辆研发设计阶段，企业需要统筹考虑功能安全和网络安全。

通过梳理、分析汽车各类安全的关系可以看出，各类安全之间并不是完全孤立的，彼此之间存在关联并相互影响，需要强化协同才能更好地保障车辆的整体安全。

1.2.3 自动驾驶安全的研究重点

本小节围绕智能网联汽车相关安全问题，基于对国内外文献的调查、研究，整理、归纳当前自动驾驶领域亟待加强研究的主要安全挑战和研究现状。

1. 自动驾驶系统安全涌现与安全测试评估

传统汽车由驾驶员操控车辆，驾驶安全的责任主体是驾驶员，而自动驾驶汽车在传统汽车的基础上增加了由感知、决策、控制、执行等多个子系统组成的自动驾驶复杂系统，需要实现人、车、环境等多要素的交互。智能网联汽车在硬件、软件、处理的环境任务等方面具有更高的复杂性。

随着汽车智能化程度的不断提高，智能网联汽车整车系统日趋复杂，其子系统以及子系统间的交互行为也更加复杂，由此涌现出了大量新的安全问题，使得即便是自动驾驶系统开发人员，也未必能够完整掌握各个子系统之间复杂的交互行为，车辆安全风险更加难以全面评估。面对新的安全挑战，相关行业机构借鉴、吸收先进经验，正在研究覆盖自动驾驶技术要求的企业能力、产品过程保障和测试评估要求，进一步细化自动驾驶汽车安全测试评估方法，形成系统、科学、全面的自动驾驶汽车安全测试评估体系。

总体来看，作为跨学科、跨领域、多技术融合的复杂系统，自动驾驶汽车的安全测试评估工作有别于传统汽车，面临诸多理论和技术挑战，需要采用系统工程方法综合考虑相关安全风险，尤其是智能化、网联化带来的新安全风险，提出更加系统、全面、更有针对性的安全管理和技术测试评估要求，以便更加有效地保障汽车质量和安全性。

2. 预期功能安全危害分析与评估

预期功能安全重点围绕预期功能或其实现的功能不足开展分析评估、设计优化、系统改进等工作。汽车生产企业应进行感知、决策、控制、执行、人机交互等系统的局限分析，挖掘潜在功能不足和触发条件，并开展整车级自动驾驶功能的危害分析和风险评估，制定相应的安全措施，以保证系统不会对驾驶员、乘客和其他道路使用者造成不合理的安全风险。

围绕安全目标，行业从不同维度对危害分析和风险评估方法进行了研究、探索。对于感知能力不足等问题，ISO 21448: 2018 和 ISO 34502: 2022《道路车辆 基于场景的自动驾驶系统安全评价框架》均给出了基于场景的功能不足的分析过程和改进建议。REN 等[13]基于平均精度方法系统地分析了环境因素（如光照、雨、雪等）对目标检测的影响，采用递归滚动卷积模型实时检测目标，分析发现可能导致目标检测算法错误的潜在安全风险。对于决策系统功能不足，ISO 34502: 2022 和 UN/ECE R157《关于自动车道保持系统车辆批准的统一规定》分别阐述了交通干扰场景定义、参数范围量化方法以及熟练谨慎驾驶员性能模型（Competent and Careful Human Performance Model），以界定合理、可预见且可避免的安全概念。站在整车风险的角度，NHTSA[14]针对通用的高速公路 3 级自动驾驶汽车，分析确定了其潜在的整车级风险、触发事件和预期功能安全缓解措施，提出了一种基于场景的测试方法以评估安全相关触发事件。站在驾驶员合理可预见误用的角度，YAN 等[15]面向车道保持系统，评估了驾驶员失误和由此引起的车道偏离风险，设计了基于典型驾驶员行为的驾驶员失误动态评价模型，提出了一种新的人机协同控制方案，并通过基于驾驶员误用场景的仿真测试验证了该方案的有效性。

总体来看，目前国内外对于预期功能安全问题的研究还处于不断探索和深化的阶段。作为预期功能安全领域的重要基础技术文件，ISO 21448: 2022 于2022 年正式发布。在 ISO 21448: 2022 中，车辆运行场景被划分为已知安全场景、已知不安全场景、未知不安全场景以及未知安全场景 4 类，这为解决由功能不足或由合理可预见的人员误用所导致的危害和风险提供了研究框架。不过，由于预期功能安全涉及的问题复杂多样，包括设备性能的局限、算法缺陷以及人员误用等，仍然需要持续进行理论研究和应用探索。

基于当前的理解和认识，为了加强预期功能安全管理，自动驾驶汽车生产企业应该有针对性地建立管理制度和工作流程，明确自动驾驶功能及其设计运行条件，系统开展危害分析和风险评估工作，制定合理的风险可接受准则，综合采用基于场景的模拟仿真测试、封闭场地测试、实际道路测试等多种技术手段，通过科学的场景设计和有效的测试结果来证明被测系统风险达到可接受准则，以确保不存在不合理的预期功能安全风险。

3. 汽车网络安全和数据安全管理协同

在新一轮科技革命和产业变革的推动下，汽车与电子信息、通信、能源、交通等领域的技术加速融合，电动化、智能化、网联化叠加交汇，能源动力、产品生产、运行维护等面临重塑，汽车正在从交通运载工具延伸为大型移动智能终端和数字空间，并逐渐成为支撑构建智能交通、智慧城市的关键元素。随着汽车产品内涵和外延的变化，网络安全和数据安全风险更加凸显。

比如，随着汽车向智能化、网联化方向发展，电信号控制将逐步替代机械控制，汽车动力输出、转向、制动、挡位控制等关系驾乘人员安全的关键操作将主要依靠网络报文的收发来实现。与此同时，随着汽车智能化程度的不断提高，以及与路侧设备、周围车辆、后端云平台等信息交互的大幅增加，在智能网联汽车大规模上路行驶后，如果未能有效管控网络安全和数据安全风险，将直接危害行车安全，并可能带来人身财产安全、社会安全等问题。

近年来，面对网络安全、数据安全等新形势、新挑战，国内外都在积极探索、完善相关管理要求，我国先后出台了《中华人民共和国网络安全法》《中华人民共和国数据安全法》《中华人民共和国个人信息保护法》《关键信息基础设施安全保护条例》《汽车数据安全管理若干规定（试行）》等法律法规，为汽车网络安全、数据安全管理提供了法律依据和根本遵循。但由于汽车产业链、技术链的重构，以及汽车与相关基础设施之间关联关系的持续加强，汽车网络安全和数据安全管理现在已经成了一项复杂的系统工程，涉及多个行业部门以及多家不同的责任主体。

安全是事关汽车产业持续健康发展的第一要务。由于安全技术的复杂性、安全风险的多样性以及安全需求的持续性，汽车网络安全和数据安全管理具有成本投入大、时间长、场景化、个性化等特点，需要统筹好发展和安全、安全需求和成本投入等之间的平衡。如何在可接受的风险范围之内，合理控制成本投入，保证网络安全和数据安全投入的高效性与平衡性，是推进工作的难点和重点。

如何落实相关法律法规要求，切实做到坚守安全底线，目前亟待跨行业、跨领域协同深化研究，结合行业实践，进一步明确安全管理的定位和分工，细化安全管理要求和具体举措，真正压紧、压实各方责任。对于自动驾驶汽车的网络安全和数据安全测试评估研究，首先应该明确安全测试评估的对象和边界，合理设定安全目标，加强工作协同。

1.3 自动驾驶汽车安全测试评估需求

驾驶员在驾驶传统汽车行驶的过程中需要遵守道路交通规则，灵活应对环境变化、车辆故障突发等情况，及时处置安全隐患。影响传统汽车驾驶员安全驾驶的因素，主要可以分为车辆因素、道路因素、交通因素、环境因素、人为因素等几大类。作为汽车驾驶的责任主体，驾驶员需要时刻关注车辆周围交通及环境变化，通过油门、制动、转向等对汽车进行横 / 纵向控制，其本身的驾驶经验、状态会直接影响驾驶安全。

对于自动驾驶汽车而言，汽车自动驾驶系统不仅需要考虑车辆因素、道路因素、交通因素、环境因素、人为因素等的影响，还需要在设计运行条件下实现动态驾驶任务执行、接管、最小风险策略、人机交互等功能，遵守道路交通规则且不产生不合理的安全风险。除此之外，在智能化、网联化和软件定义汽车功能的背景下，自动驾驶汽车具备的软件升级、数据记录以及网络安全和数据安全防护等功能，也应符合相应的安全技术要求。图 1-4 所示为对人类驾驶和自动驾驶的安全影响因素进行对比分析。

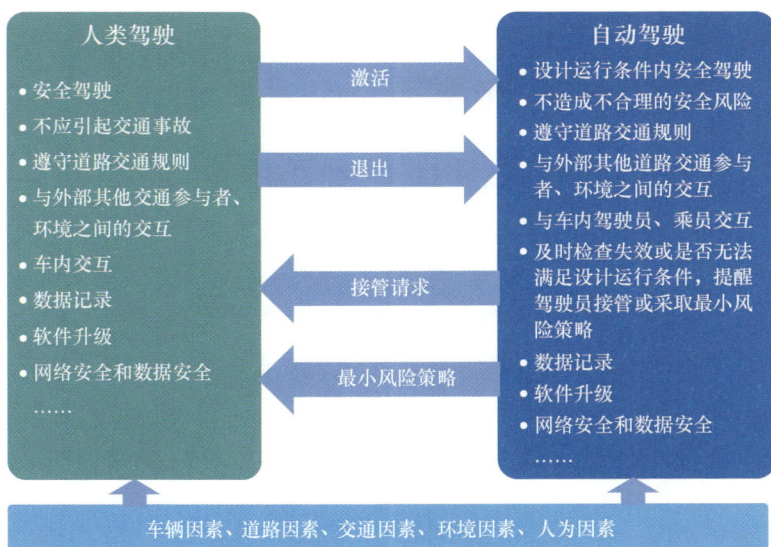

图1-4　人类驾驶与自动驾驶安全影响因素的对比分析

1.3.1　企业安全保障能力需求

汽车是一种高度复杂的产品，涉及机械、电子、材料等多个领域，在设计、生产、测试、运行等环节，都需要极强的专业性。尤其是伴随着社会的进步和科技的发展，安全、节能、环保等要求越来越高，汽车技术迭代演进、产品推陈出新，供应链管理难度越来越大，如何协同研发生产出安全、可靠、性能优越、性价比高的产品，将直接决定企业的生存和发展。

"不以规矩，不能成方圆"，健全完善的管理制度不仅可以保障研发、生产过程的规范合规，也有助于保障产品的质量和安全。与此同时，制度虽然管人，但也需要合格的专业人员来执行和维护。没有合格的高素质专业人员来执行和维护制度，制度将形同虚设。只有人与制度有效结合，才能真正保证整个研发、生产等过程的有序运转和良性循环。

为了保障自动驾驶汽车的安全性，汽车生产企业应建立系统、科学、规范的功能安全、预期功能安全、网络安全、数据安全、软件升级等安全管理制度和技术保障体系，明确管理要求和责任人，并通过相应的流程、工具等维持和持续提升安全保障能力。

1.3.2 产品过程保障评估需求

随着人们对安全问题的日益关注，基于对产品安全性和可靠性的持续追求，在航空航天、医疗设备等高风险行业中，设计保障安全（Safety by Design）已经成为必须遵循的原则和规范。根据设计保障安全的产品安全设计理念，科学、合理的产品开发过程是智能网联汽车自动驾驶安全的重要保障，应在设计开发阶段就充分考虑并评估潜在的安全风险。智能网联汽车的产品开发过程，可以粗略划分为概念、开发、验证与确认、生产 / 部署等阶段[16]。作为复杂系统，智能网联汽车面临功能安全设计缺陷、功能不足、系统失效、网络威胁、数据泄露等多种安全风险，如果不在设计阶段就充分考虑并预防潜在的风险隐患，仅依靠传统的面向终端产品的验证与确认测试，毫无疑问，无法真正保障产品或系统的安全性。

为了更加全面、系统地测试评估智能网联汽车的安全性，有必要对智能网联汽车，尤其是自动驾驶系统的开发过程进行评估，重点关注功能安全、预期功能安全、网络安全和数据安全等过程保障情况，验证针对动态驾驶任务执行、接管、最小风险策略、人机交互等方面的风险分析、验证确认等实现过程，防止出现不可接受的安全风险，以更好地实现对智能网联汽车的综合安全评估。

1.3.3 产品测试评估需求

随着驾驶自动化等级的不断提升和应用场景的持续拓展，智能网联汽车系统越来越复杂，传统的测试手段难以有效覆盖自动驾驶面临的新安全特征[16]。基于场景的自动驾驶安全测试评估方法（模拟仿真测试、封闭场地测试和实际道路测试）已成为智能网联汽车安全测试评估的重要研究方向，并逐步成为行业共识[17]。

不过，如何针对复杂系统安全涌现的技术特点，完善车辆产品安全技术要求，建立体系化的自动驾驶汽车测试评估方法，充分保障测试评估工作的系统性、科学性和规范性，以及测试评估结果的客观性和一致性，仍需加强理论研究和实践验证。

此外，针对自动驾驶算法的持续迭代更新、自动驾驶应用场景的长尾问题以及自动驾驶汽车面临的网络安全和数据安全风险，为了更好地保障车辆产品安全，还应对智能网联汽车的软件升级、数据记录、事件上报、网络安全和数据安全等提出相应的要求。

1.4　自动驾驶汽车产品安全管理要求

针对自动驾驶汽车的安全管理，国内外相关行业管理部门高度重视，持续研究制定并发布相关政策、法规和标准，不断优化、完善管理体系，促进智能网联汽车产业生态的建立健全、迭代优化。

2019 年 6 月，联合国世界车辆法规协调论坛（UN/WP.29）自动驾驶与网联车辆工作组（Working Party on Automated/Autonomous and Connected Vehicles，GRVA）审议通过了《自动驾驶车辆框架文件》，针对自动驾驶汽车，明确了工作原则、安全愿景以及优先关注的原则性要求，为其附属工作组提供工作指导。作为全球第一个针对 3 级自动驾驶汽车的车辆型式批准框架技术法规，自动车道保持系统（Automated Lane Keeping System，ALKS）法规UN/ECE R157–00 在 2021 年正式生效，并于 2022 年发布修订版本 UN/ECE R157–01，将特定运行条件下的自动驾驶系统车速允许上限从 60km/h 提升到 130km/h，且允许车辆自动变道。

欧盟、美国、日本等在积极参与联合国法规研讨的同时，先后颁布了多部自动驾驶汽车政策和法规，从测试示范[18-19]、型式批准[20-22]、道路交通安全[23-26]等方面综合考虑，初步建立了针对自动驾驶汽车产品的安全要求框架，明确了各相关部门的职责和协同机制。针对自动驾驶汽车产品，德国、日本等国家率先基于研究成果开展自动驾驶汽车管理[27-28]和应用探索，参考UN/ECE R155、UN/ECE R156、UN/ECE R157-00等联合国技术法规，通过个案处理的方式进行附带限制性条件的整车型式批准。本田的3级自动驾驶车型于2020年获得日本型式批准，奔驰、宝马的3级自动驾驶车型分别于2022年、2023年获得德国型式批准。这些都为我国智能网联汽车产业创新发展和管理实践提供了重要参考。

为了促进智能网联汽车产业健康可持续发展，2021年工业和信息化部发布《关于加强智能网联汽车生产企业及产品准入管理的意见》，压实企业主体责任，加强汽车数据安全、网络安全、软件升级、功能安全和预期功能安全管理，保证汽车产品安全和生产一致性。2023年，工业和信息化部、公安部、住房和城乡建设部、交通运输部联合发布《关于开展智能网联汽车准入和上路通行试点工作的通知》，引导智能网联汽车生产企业和使用主体加强能力建设，在保障安全的前提下，促进智能网联汽车产品的功能、性能提升和产业生态的迭代优化，基于试点实证积累管理经验，支撑相关法律法规、技术标准制修订，加快健全、完善智能网联汽车生产准入管理和道路交通安全管理体系。国家市场监督管理总局、交通运输部等有关部门也在持续探索智能网联汽车产品缺陷召回、运输经营等管理措施。

综合来看，国内外针对自动驾驶汽车产品安全管理的关注重点基本一致，都是在传统车辆安全管理框架和要求的基础上，有针对性地系统强化企业能力、产品过程保障、测试等要求，具体包括企业能力、场景库、过程保障、审核、测试验证（模拟仿真测试、封闭场地测试、实际道路测试等），以及在用车安全事件监测等要素。

参考文献

[1] SAE International. SAE J3061: 2021 Cybersecurity Guidebook for Cyber-Physical Vehicle Systems [S]. United States: SAE International, 2021.

[2] MARIUS R. Functional safety & security: next generation automotive security solutions [R]. Netherlands: NXP Semiconductors, 2019.

[3] JARASUNIENE A, JAKUBAUSKAS G. Improvement of road safety using passive and active intelligent vehicle safety systems [J]. Transport, 2007, 22(4): 284-289.

[4] National Highway Traffic Safety Administration. FMVSS 126: 2007 Electronic Stability Control Systems [S]. United States: National Highway Traffic Safety Administration, 2007.

[5] National Highway Traffic Safety Administration. Automatic Emergency Braking (AEB) system research report [R]. United States: National Highway Traffic Safety Administration, 2014.

[6] RESSLER G. Application of system safety engineering processes to advanced battery safety [J]. SAE International Journal of Engines, 2011, 4(1): 1921-1927.

[7] 李克强, 常雪阳, 李家文, 等. 智能网联汽车云控系统及其实现 [J]. 汽车工程, 2020, 42(12): 1595-1605.

[8] 全国人民代表大会常务委员会. 中华人民共和国数据安全法 [Z]. 北京: 全国人民代表大会常务委员会, 2021.

[9] Department of Transportation. Ensuring American Leadership in Automated Vehicle Technologies: Automated Vehicles 4.0 [Z]. United States: Department of Transportation, 2021.

[10] European Data Protection Board. Guidelines 01/2020 on Processing Personal Data in the Context of Connected Vehicles and Mobility Related Applications [Z]. Europe: European Data Protection Board, 2020.

[11] 工业和信息化部. 关于加强车联网网络安全和数据安全工作通知 [Z]. 北京: 工业和信息化部, 2021.

[12] KAVALLIERATORS G, KATSIKAS S, GKIOULOS V. Cybersecurity and safety co-engineering of cyberphysical systems — a comprehensive survey [J]. Future Internet, 2020, 12(4): 65.

[13] REN L, YIN H, GE W, et al. Environment Influences on Uncertainty of Object Detection for Automated Driving Systems [C]. 2019 12th International Congress on Image and Signal Processing, BioMedical Engineering and Informatics (CISP-BMEI), 2019.

[14] National Highway Traffic Safety Administration. Safety of the intended functionality of lane-centering and lane-changing maneuvers of a generic level 3 highway chauffeur system [R]. United States: National Highway Traffic Safety Administration, 2020.

[15] YAN M, CHEN W, WANG Q, et al. Human-machine cooperative control of intelligent vehicles for lane keeping — considering safety of the intended functionality [J]. Actuators, 2021, 10(9): 210.

[16] 刘法旺, 李艳文. 自动驾驶系统功能安全与预期功能安全研究 [J]. 工业技术创新, 2021, 8(3): 62-68.

[17] FENG J, SONG W, ZHAN H, et al. Research on testing system for an intelligent and

connected vehicle [J]. Journal of Physics Conference Series, 2020, 1576: 012047.

[18] 日本警察厅. 自动驾驶汽车道路测试指南 [Z]. 日本: 日本警察厅, 2016.

[19] 日本警察厅. 远程自动驾驶系统道路测试许可处理基准 [Z]. 日本: 日本警察厅, 2017.

[20] European Commission. Guidelines on the Exemption Procedure for the EU Approval of Automated Vehicles [Z]. Europe: European Commission, 2019.

[21] European Commission. Commission Implementing Regulation (EU) 2022/1426 of 5 August 2022: Laying Down Rules for the Application of Regulation (EU) 2019/2144 of the European Parliament and of the Council as Regards Uniform Procedures and Technical Specifications for the Type-Approval of the Automated Driving System (ADS) of Fully Automated Vehicles [Z]. Europe: European Commission, 2022.

[22] 日本国土交通省. 自动驾驶汽车安全技术指南 [Z]. 日本: 日本国土交通省, 2018.

[23] Economic Commission for Europe. Vienna Convention for Road Traffic [Z]. United Nations: Economic Commission for Europe, 2016.

[24] German Ethics Commission on Automated and Connected Driving. The German Ethics Code for Automated and Connected Driving [Z]. Germany: German Ethics Commission on Automated and Connected Driving, 2017.

[25] German Bundestag. Road Traffic Law [Z]. Germany: German Bundestag, 2017.

[26] 日本警察厅. 道路交通法修正案 [Z]. 日本: 日本警察厅, 2019.

[27] German Bundestag. Act on Autonomous Driving [Z]. Germany: German Bundestag, 2021.

[28] British Parliament. Automated Vehicles Act [Z]. British: British Parliament, 2024.

第 2 章

自动驾驶汽车安全测试评估体系

本章以具有 3 级和 4 级驾驶自动化功能的自动驾驶汽车作为研究对象，参考国内外自动驾驶汽车安全测试评估的最新研究成果，结合我国智能网联汽车安全管理研究及实践探索，重点针对车辆在智能化、网联化背景下面临的功能安全、预期功能安全、网络安全、数据安全等安全风险，从第三方视角出发，研究提出一套系统的、可复用的、可扩展的自动驾驶汽车安全测试评估方法，以期实现对特定设计运行条件下自动驾驶汽车的综合安全评估。本书的后续章节，将对本方法框架中的具体测试评估方法逐项开展研究。

2.1 自动驾驶汽车安全测试评估研究现状

对自动驾驶汽车开展安全测试评估是一项复杂的系统工程，面临诸多挑战，仅靠传统的测试方法难以科学、全面地评估自动驾驶汽车的安全性。例如，智能网联汽车技术实现复杂、应用场景复杂，需要应对"长尾问题"的挑战，难以满足场景覆盖、逻辑覆盖等测试要求；自动驾驶功能的实现依赖深度学习算法，面临"黑箱"难题，不确定性高，可解释性差；对于自动驾驶预期功能安全、网络安全等新安全风险的管理，目前还处于研究探索阶段，仍然面临从理论研究到技术实践的一系列问题。

与此同时，伴随着智能网联汽车软硬件分层解耦、基础软硬件加速演进、应用服务持续迭代更新，汽车领域"基础硬件趋同、软件定义功能、数据驱动设计"的发展趋势进一步明确，软件升级技术逐步在智能网联汽车上广泛应用，尤其是软件在线升级（Over-The-Air Update，又称 OTA 升级），现已成为汽车生产企业提升车辆产品竞争力的重要手段。针对汽车生产企业通过软件在线升级为车辆产品提供固件更新、功能升级等服务，改变汽车产品的功能和技术特性，国际相关机构普遍将其视为汽车生产企业对车辆产品进行的"再生产"活动。在此过程中，如何有效保证汽车产品安全和生产一致性，同样面临挑战。

国内外相关机构都在不断研究探索自动驾驶汽车安全测试评估方法。UN/WP.29 自动驾驶功能要求（Functional Requirements for Automated Vehicles，FRAV）非正式工作组[1]持续组织研究制定面向自动驾驶功能要求的技术法规，从自动驾驶系统描述、动态驾驶任务执行、人机交互、系统失效安全、安全运行状态维护等方面，提出自动驾驶安全技术要求。联合国型式批准法规 UN/ECE R157 从系统安全、故障安全响应、人机交互、数据记录系统、网络安全、软件升级等方面，对自动车道保持系统（ALKS）提出安全技术要求。NHTSA[2-5] 从系统安全、设计运行范围、失效识别与安全响应、系统后援、验证确认方法、人机交互、网络安全、碰撞及碰撞后行为、数据记录、用户培训、法律法规遵守等方面提出了自动驾驶相关技术要求。欧盟委员会发布法规（EU）2022/1426《关于配备自动驾驶系统（ADS）的全自动驾驶车辆型式批准的统一程序和技术规范》，针对动态驾驶任务执行、最小风险策略、人机交互、网络安全、软件升级、数据记录、遵守交通规则等方面，对 L4 全自动车辆（Fully Automated Vehicle）自动驾驶系统提出技术要求。

　　国际汽车制造商协会（Organisation Internationale des Constructeurs d'Automobiles，OICA）[6] 在分析自动驾驶技术特性和安全特征的基础上，提出基于实际道路测试、封闭场地测试和审核 / 评估（包含模拟仿真测试）的自动驾驶"三支柱"测试评估方法。UN/WP.29 自动驾驶验证方法（Validation Methods for Automated Driving，VMAD）非正式工作组 [7] 在此基础上研究提出了一种新的自动驾驶测试评估方法（New Assessment/Test Method for Automated Driving，NATM），包括场景目录以及模拟仿真测试、封闭场地测试、实际道路测试、审核评估和在用车监测报告等技术手段，逐步达成行业共识，且不断丰富与完善。

　　为了应对智能网联汽车的网络安全监管挑战，UN/WP.29 组织制定了网络安全型式批准技术法规 UN/ECE R155，一方面提出汽车生产企业的网络安全管理体系（Cyber Security Management System，CSMS）要求，另一方面提出车辆型式批准（Vehicle Type Approval，VTA）的网络安全要求。网络安全管理体系要求是指审查汽车生产企业是否针对车辆生命周期内的各个阶段制定网络安全管理流程，以保证网络安全设计、实施及响应均有流程体系指导。车辆型式批准的网络安全要求是指针对车辆网络安全开发中具体的工作项进行审查，旨在保证实施于车辆的网络安全防护技术在进行审查时足够完备。

　　为了加强对智能网联汽车软件升级的监督管理，UN/WP.29 组织出台了软件升级型式批准技术法规 UN/ECE R156，对汽车生产企业的软件升级管理体系（Software Update Management System，SUMS）和车辆的软件升级功能及软件升级活动均提出了相应要求，旨在提高车辆软件升级的安全性、可靠性和合规性，预防或降低与软件升级相关的网络攻击和其他安全风险，确保汽车生产企业拥有一套规范健全的流程来管理软件升级工作，保障车辆的正常运行和道路交通安全。

我国的工业和信息化部[8]组织行业力量，持续推进智能网联汽车准入测试评估方法研究，逐步探索明确智能网联汽车准入管理对企业安全保障能力、产品过程保障、产品测试验证等方面的要求。

2.2　自动驾驶汽车安全测试评估总体框架

聚焦自动驾驶汽车产品安全要求，本书提出将自动驾驶汽车安全测试评估工作分为基础测试评估和监测调整两个阶段。自动驾驶汽车安全测试评估总体框架如图 2-1 所示。

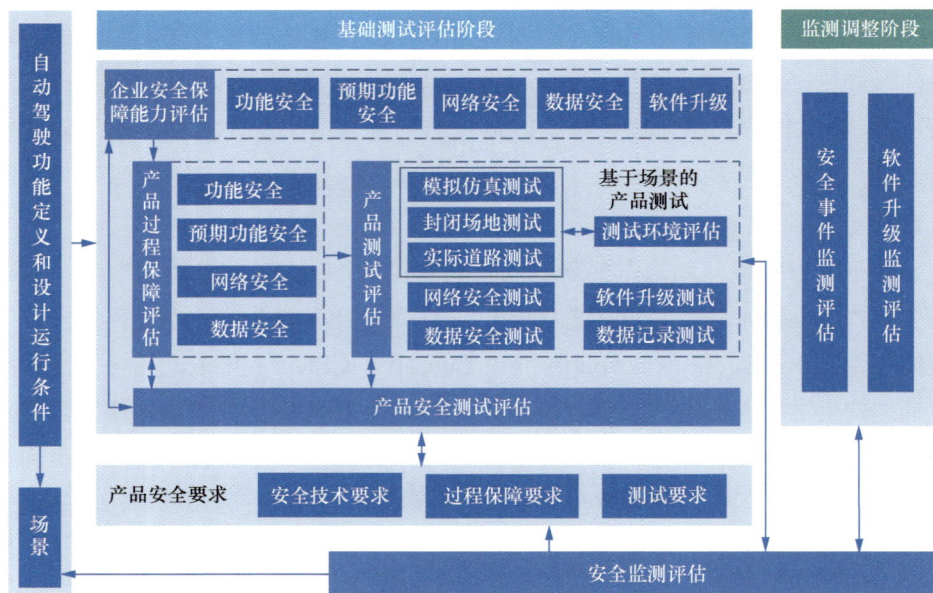

图2-1　自动驾驶汽车安全测试评估总体框架

在基础测试评估阶段，为了保障车辆产品安全，首先应要求汽车生产企业建立系统、科学、规范的功能安全、预期功能安全、网络安全、数据安全、软件升级等安全保障能力，并依据管理制度、流程等要求，科学、规范地开展产品研发、测试验证等工作。在确保企业安全保障能力满足相关要求的基础上，重点评估产品对过程保障要求、测试要求的满足情况，验证车辆产品对自动驾驶安全要求的符合性。

在监测调整阶段，可以通过事件上报、关联分析、数据挖掘等手段，对车辆实际运行过程中的安全事件进行持续的监测、统计和分析，并根据分析结果适时调整前期的测试评估结果。同时，通过对汽车生产企业实施软件升级监测评估，确保汽车产品持续符合国家法律法规、技术标准及技术规范等相关要求，保证汽车产品生产一致性。

2.2.1　产品安全测试评估要求

自动驾驶功能旨在实现车辆在无须人为干预的情况下，能够安全、高效地行驶，设计运行条件的明确是保障这一功能得以实现的关键。通过合理设定道路、交通、天气、光照等运行参数要求，能够有效减少自动驾驶汽车在行驶过程中可能遇到的风险和不确定性，提高产品的安全性，提升驾驶效率和舒适性，同时可以让用户更加清晰地了解自动驾驶功能的适用范围和限制，避免在使用过程中出现误用或滥用的情况。与此同时，明确驾驶自动化系统配置、自动驾驶功能及其设计运行条件、使用限制等信息，是开展自动驾驶汽车安全测试评估的重要基础。因此，开展自动驾驶汽车安全测试评估，首先应要求汽车生产企业明确自动驾驶功能及其设计运行条件等信息。

基于保障测试评估工作的系统性、全面性和有效性，对自动驾驶汽车的产品安全测试评估要求主要包含安全技术要求、过程保障要求和测试要求3个维度。其中，安全技术要求主要包含动态驾驶任务执行、接管、最小风险策略、人机交互、产品运行安全、网络安全和数据安全、软件升级、数据记录8个方面；过程保障要求主要包含功能安全、预期功能安全、网络安全和数据安全3个方面，重点针对自动驾驶系统，覆盖产品开发过程中要求的整车级以及部分系统级、部件级要求；测试要求主要包含模拟仿真测试、封闭场地测试、实际道路测试、软件升级测试、数据记录测试、网络安全和数据安全测试6个方面，用于支撑对整车级产品的测试验证和安全评估。

2.2.2　基础测试评估管理要求

在基础测试评估阶段，为保障综合安全评估结果的科学性和有效性，需要充分考虑企业对功能安全、预期功能安全、网络安全、数据安全、软件升级等安全保障能力要求的满足情况，产品开发过程对功能安全、预期功能安全、网络安全和数据安全等过程保障要求的满足情况；同时，还需对自动驾驶汽车开展基于场景的模拟仿真、封闭场地和实际道路测试，以及网络安全测试、数据安全测试、数据记录测试、软件升级测试等测试工作，并确保产品测试验证结果具备足够的覆盖度，能够系统、全面、客观地反映车辆产品的安全状况。此外，为保证实际道路测试过程、结果的真实性和有效性，在基础测试评估阶段，有必要对车辆的实际道路测试情况开展安全事件监测，加强安全事件上报等管理。

自动驾驶安全综合评估是实现车辆产品安全管理的关键支撑，应综合考虑不同测试方法的优缺点，实现不同测试方法之间的相互协同、优势互补，提高安全评估的科学性、针对性和有效性。

2.2.3　监测调整管理要求

由于自动驾驶应用面临各种复杂且难以预料的情况，如乱穿马路的行人、违规掉头的车辆、强行变线、路况意外、道路设施的临时更改、突发自然灾害等，使得自动驾驶算法即便已经覆盖了大部分场景，但是对于残余风险的边界化难题或罕见的边缘场景等少数情况，仍需要花费大量的时间和精力去覆盖。此外，在自动驾驶数据采集过程中，更多的高价值场景数据通常来源于边缘场景，而非常规行驶数据。因此，随着数据采集量的累积，采集到有效数据的概率反而会逐渐降低。如何解决自动驾驶的长尾问题，是行业面临的重大共性问题。

与此同时，国内外汽车生产企业目前广泛采用软件升级（尤其是 OTA 升级）的方式开展车辆功能更新与升级、故障修复和安全更新等工作，持续改进、优化和增强车辆的功能和性能，软件升级范围逐步从影音娱乐方面扩大到动力、制动、转向等系统，车辆 OTA 升级已经成为汽车生产企业提升车辆产品竞争力的重要手段。如何在支持企业创新发展的同时，更好地保障汽车产品安全和生产一致性，也需要加强研究。

目前，在 UN/WP.29 VMAD 非正式工作组组织研究提出的 NATM "多支柱" 测试评估方法中，已经明确在用车辆事件监测、报告等要求。通过对车辆实际安全事件进行监测、分析，重点加强在用车辆安全事件上报等管理工作，有利于发挥 3 个方面的作用：一是基于监测和分析结果，及时发现前期安全评估结果与车辆实际安全状态之间可能的偏差，适时调整评估结果，更好地实现对车辆残余风险的管理，保证车辆安全运行；二是基于对车辆运行数据的反馈分析，有效支撑对产品安全要求、测试评估方法等管理体系的评估、调整，不断优化、完善自动驾驶汽车安全测试评估体系；三是基于在车辆实际使用过程中发现的有价值的场景数据，持续更新、完善基础测试场景数据集，有助于加快解决自动驾驶的长尾问题。

针对软件在线升级带来的车辆安全、节能、环保等关键性能和参数变化以及由此可能引起的潜在安全风险和产品生产一致性管理问题，UN/ECE R156 已对汽车生产企业的软件升级管理体系、车辆的软件升级功能及软件升级活动均提出了相应要求。工业和信息化部授权发布《关于开展汽车软件在线升级备案的通知》，提出企业管理能力备案、车型及功能备案和具体升级活动备案等要求，探索加强对汽车生产企业软件升级活动的规范化管理，保障车辆产品持续符合国家法律法规、技术标准和技术规范等相关要求，保证汽车产品的生产一致性。

2.3　自动驾驶汽车生产企业安全保障能力要求

完善的企业管理制度和流程是企业规范化、标准化运作和运营风险控制的重要基础，自动驾驶汽车的高度复杂性导致了在其设计和开发过程中需要面对众多的技术挑战和环境变量，增加了供应链协同开发的需求。因此，首先需要对汽车生产企业提出功能安全、预期功能安全、网络安全、数据安全、软件升级等方面的安全保障能力要求，更好地指导、推动企业开展产品研发及测试验证工作。

2.3.1　功能安全保障能力要求

功能安全定义为不存在因电子电气系统故障引起的危害而导致不合理的风

险[9]。对于自动驾驶汽车，驾驶权可能发生转移，驾驶自动化系统的重要性更加凸显，功能安全风险更加突出。为了规范产品的功能安全过程保障，对于智能网联汽车生产企业，功能安全保障能力要求应至少包括以下 4 个方面。

（1）企业应建立汽车安全生命周期相关阶段的功能安全管理流程，针对汽车安全完整性等级（Automotive Safety Integrity Level，ASIL）明确对应的流程要求，避免不合理的风险。

（2）企业应建立功能安全管理制度，涵盖整体功能安全管理、产品开发安全管理、安全发布管理等内容。

（3）企业应明确生产、运行阶段的功能安全要求。

（4）企业应明确功能安全支持过程要求，包括分布式开发接口管理、安全要求的定义和管理、配置管理、变更管理、验证、文档管理、工具鉴定、软硬件组件鉴定等内容。

2.3.2　预期功能安全保障能力要求

预期功能安全定义为不存在因预期功能或其实现的功能不足引起的危害而导致不合理的风险[10]。对于自动驾驶汽车，由于场景复杂、性能局限导致的非失效风险增多，预期功能安全的重要性更加凸显。为了规范产品的预期功能安全过程保障，对于智能网联汽车生产企业，预期功能安全保障能力要求应至少包括以下两个方面。

（1）企业应建立预期功能安全开发流程，具备功能及系统规范、危害分析和风险评估、功能不足识别与评估、误用识别与评估、触发条件识别与评估、功能改进、验证与确认策略定义、已知危害场景评估、未知危害场景评估、预期功能安全成果评估、运行阶段的监测等能力，保证产品不存在因自动驾驶系统预期功能的不足所导致的不合理风险。

（2）企业应建立预期功能安全管理制度，明确预期功能安全管理职责和角色定义，以及开发人员的技能水平、能力等要求，明确供应商计划管理要求。

2.3.3　网络安全保障能力要求

智能网联汽车面临日益增加的网络安全威胁，不法分子可以通过网络手段获取车辆用户隐私，影响汽车的正常运行，危害驾乘人员的生命安全。为了更好地应对不断涌现、变化的网络安全风险，持续优化、完善企业管理制度，提升过程保障能力，切实保障汽车电子电气系统、组件和功能免遭网络威胁，确保车辆及其功能处于被保护的状态[11]，根据国家相关法律法规要求，对于智能网联汽车生产企业，网络安全保障能力要求应至少包括以下6个方面。

（1）企业应建立智能网联汽车产品网络安全管理制度，明确网络安全责任部门和负责人，保障智能网联汽车产品开发流程满足网络安全管理制度要求，落实网络安全责任，并依法落实备案管理、安全评估、用户真实身份信息核验、日志记录留存等网络安全相关管理要求。

（2）企业应建立智能网联汽车产品网络安全风险管控机制，具备网络安全风险识别、分析、评估、处置（如测试验证、跟踪等）等风险管控能力，以及及时消除重大网络安全隐患的能力。

（3）企业应建立智能网联汽车产品网络安全监测机制，具有监测、记录、分析网络运行状态、网络安全事件等技术措施，具备按照规定留存相关网络日志的能力。

（4）企业应建立智能网联汽车产品网络安全漏洞管理和应急响应机制，制定网络安全事件应急预案及应急处置操作规程，具备及时处置安全漏洞、网络攻击等安全风险，以及支持车辆用户采取相应措施的能力。

（5）企业应建立智能网联汽车产品与供应商相关的风险识别和管理能力，明确供方产品和服务的网络安全评价标准、验证规范等，具备管理企业与合同供应商、服务提供商、企业内部组织之间安全依赖关系的能力。

（6）企业应建立智能网联汽车产品网络安全管理制度的持续改进机制，在关键流程变更、网络安全事件发生后，及时更新、完善网络安全管理制度和相关机制等。

2.3.4　数据安全保障能力要求

智能网联汽车在生产、运行过程中会产生车辆状态数据、用户隐私数据等大量数据，这些数据的安全问题直接关系到汽车的安全运行和用户的隐私权益，一旦数据遭到篡改或泄露，可能会引发车辆故障、个人信息泄露，对用户的生命、财产安全构成严重威胁。为了规范产品的数据安全过程保障，确保数据处于被有效保护和合法利用的状态，以及具备保障持续处于安全状态的能力[12]，根据国家相关法律法规要求，对于智能网联汽车生产企业，数据安全保障能力要求应至少包括以下 5 个方面。

（1）企业应建立健全智能网联汽车产品数据安全管理制度，依法履行数据安全保护义务，明确责任部门和负责人。

（2）企业应建立智能网联汽车产品数据资产管理台账，实施数据分类分级管理，加强个人信息与重要数据保护。

（3）企业应采取智能网联汽车产品数据安全保护技术措施，确保数据持续处于被有效保护和合法利用的状态，依法依规落实数据安全风险评估、数据安全事件报告等规定。

（4）企业应合理开发利用数据资源，明确数据共享和开发利用的安全管理和责任要求，加强对第三方服务提供商的数据安全管理。

（5）在中华人民共和国境内运营中收集和产生的个人信息和重要数据，应当按照有关法律法规规定在境内存储。因业务需要，确需向境外提供的，应当依照法律、行政法规的相关规定执行。

2.3.5　软件升级管理能力要求

为了保障软件升级过程的安全性与可靠性，助力提升车辆性能、保障汽车安全、推动产业智能化进程以及更好地满足法规管理要求，汽车生产企业需建立软件升级管理体系，提升车辆安全保障能力。参考国际管理实战经验，对于智能网联汽车生产企业，软件升级管理能力要求应至少包括以下 9 个方面。

（1）企业应建立智能网联汽车产品软件升级管理制度，具备软件开发管理、配置管理、质量管理、变更管理、发布管理、应急响应管理等能力。

（2）企业应制定智能网联汽车产品软件升级设计、开发、测试、发布、推送等过程的标准规范，并遵照执行。

（3）企业应具备识别、评估和记录软件升级对智能网联汽车产品安全、环保、节能、防盗性能影响的能力，确保符合相关法规、标准和技术要求。

（4）企业应具备识别进行软件升级的目标车辆、评估目标车辆软硬件配置与软件升级兼容性的能力，确保软件升级与目标车辆软硬件配置兼容。

（5）企业应具备识别车辆初始和历次升级的软件版本的能力。

（6）企业应具备记录并安全保存每次与软件升级过程相关的信息的能力，信息保存时间应满足相关法规、标准要求。

（7）企业应具有软件升级系统必要的网络安全防护管理和技术措施，确保软件升级流程安全、可靠。

（8）企业应建立软件升级用户告知机制，明确告知升级目的、升级前后的变化、升级预估时间、升级期间无法使用的功能等信息。

（9）企业实施在线升级活动前，应当确保汽车产品按照国家法律法规、技术标准和技术规范等相关要求备案，保证汽车产品生产一致性。

2.4　自动驾驶汽车安全技术要求

本节综合国内外最新理论研究、实践探索等成果，以保障车辆产品安全为核心，系统梳理针对自动驾驶汽车，尤其是自动驾驶系统的安全技术要求。归结起来，首先需要明确自动驾驶功能定义及合理的设计运行条件限制，提供设计运行范围、车辆状态、驾乘人员状态及其他必要条件等的说明，对适用于自动驾驶功能实现的道路、交通、天气、光照等外部环境条件的边界进行明确界定，明确自动驾驶系统的功能局限性，并将功能局限性清晰、准确地告知用户，尽量减少可能出现的误用、滥用风险，还应确保自动驾驶系统的软硬件配置能够有效支撑自动驾驶功能及其安全设计要求的实现。此外，自动驾驶汽车还应当符合动态驾驶任务执行、接管、最小风险策略、人机交互、产品运行安全、网络安全和数据安全、软件升级、数据记录等技术要求。

2.4.1　动态驾驶任务执行要求

动态驾驶任务是指除策略性功能外的车辆驾驶所需的感知、决策、控制和执行等行为，至少包括车辆横向运动控制、车辆纵向运动控制、目标和事件探测与响应、驾驶决策、车辆照明及信号装置控制等。针对自动驾驶系统提出明确的动态驾驶任务执行要求，有利于保障自动驾驶汽车在应对设计运行条件下的各种场景时，能够做出合理的决策和控制，从而避免交通事故的发生或减轻事故伤害。动态驾驶任务执行要求应至少包括以下 5 个方面。

（1）自动驾驶系统应能持续识别其设计运行条件，覆盖道路及道路设施、目标物、天气环境、数字信息、驾乘人员状态、车辆状态等关键要素，仅能在设计运行条件下激活，并具备明确的功能激活和退出策略，防止可合理预见的用户误用的情况发生。在激活状态下，自动驾驶系统应执行全部动态驾驶任务，当到达设计运行条件边界时，应执行合理的策略。

（2）自动驾驶系统应具备充分的目标和事件探测与响应能力，确保事件探测范围、能力等能够充分支持其安全且合理地执行全部动态驾驶任务。

（3）自动驾驶系统应具备安全驾驶决策及控制的能力，至少包括合理规划控制车辆行驶路径与行驶速度、合理应对存在的风险等能力。为了有效保障本车和其他道路使用者的权益，驾驶行为还应基于对其他道路使用者的轨迹预测、本车驾驶行为的规划与控制等分析，合理定义并确保符合其他道路使用者的预期。

（4）自动驾驶系统应不存在由系统失效和功能不足引起的危害而导致的不合理风险，且具备自动识别自动驾驶系统失效的能力，比如持续自检、自动识别失效或功能不足等能力，确认自动驾驶系统是否能够持续执行动态驾驶任务，并提供必要的信息提示。为了更好地保障安全，自动驾驶系统应该具备检测到系统失效或功能不足时的针对性控制策略并确保其合理性。自动驾驶系统失效或功能不足时，应有效执行对应的控制策略，直至车辆进入最小风险状态或者动态驾驶任务被接管。

（5）在激活状态下，自动驾驶系统应避免导致交通事故。自动驾驶系统应避免合理可预见且可预防的碰撞事故发生，明确碰撞事故不可避免情况的定义并确保其合理性。当碰撞事故不可避免时，自动驾驶系统应采取合理的控制策略，减轻事故伤害或降低损失。

2.4.2　接管要求

接管是动态驾驶任务后援用户响应介入请求，从自动驾驶系统获得车辆控制权的行为。基于当前的技术条件和成熟度，并综合安全、技术发展和公众接受度等多方面的因素，明确接管要求有利于以人类智能弥补机器智能阶段性发展的不足，在自动驾驶系统之外增加冗余安全能力，以便更加有效地应对可能出现的复杂、不可预测场景。

对于需要驾驶员执行接管的自动驾驶系统，应具备安全、可靠、有效的接管策略，能够及时向驾驶员发出介入请求，并能够检测驾驶员是否执行接管操作。因此，应明确针对计划接管事件、非计划接管事件等介入请求的触发条件定义及其对应的识别能力、介入请求的发出时机及其合理性论证、接管操作的定义及其合理性论证、介入请求阶段自动驾驶系统控制策略及其合理性论证，还应明确介入请求的终止条件，保障驾驶员有充足的时间接管车辆。

与此同时，为了保障车辆的安全运行，当驾驶员未能及时响应介入请求时，自动驾驶系统也应执行最小风险策略以达到最小风险状态。

2.4.3　最小风险策略要求

最小风险策略是指自动驾驶系统无法继续执行动态驾驶任务时，所采取的使车辆达到最小风险状态的措施。自动驾驶汽车在运行过程中可能面临多种复杂或不可预测的情况，如系统故障、到达设计运行条件边界等，当系统检测到这些状况时，自动驾驶系统发出接管请求后，若驾驶员无法及时或有效地接管车辆，系统应能够自动执行最小风险策略，确保车辆安全，以最大限度地减少潜在的伤害和风险。

因此，自动驾驶系统应具备最小风险策略，用于避免或减少车辆与其他道路使用者相关的风险；自动驾驶系统的最小风险策略应在符合道路交通安全法律法规前提下充分考虑安全风险，且应设计合理，包括触发、执行、终止和信息提示等策略；在自动驾驶系统执行最小风险策略过程中，不应禁止驾驶员通过合理的方式干预车辆。

对于汽车生产企业而言，应该明确最小风险策略的触发条件及识别能力，保障识别能力的充分性；应具备最小风险策略执行过程中的控制策略，并明确执行过程中的信号提示策略，确保能够避免或减少车辆与其他道路使用者相关的风险；应明确最小风险策略的终止条件、最小风险策略期间的驾驶员干预应对策略，并保障两者的合理性。

2.4.4　人机交互要求

自动驾驶汽车虽然配备了各种传感器和算法以实现自动驾驶，但在某些复杂或突发情况下，仍然需要驾驶员及时介入和干预。因此，人机交互系统应能够准确、及时地传递车辆状态、环境信息以及系统指令给驾驶员，帮助驾驶员快速做出正确的判断和决策，从而确保行车安全。人机交互要求应至少包括以下5个方面。

（1）自动驾驶系统应具备供驾驶员激活、退出等的专用操纵方式，并应具有相应的清晰、合理的设计实现逻辑，重点防止驾驶员误用。

（2）针对转向控制、制动控制等干预方式，自动驾驶系统应具备安全、可靠、有效的响应干预的策略，并应能检测驾驶员是否执行干预操作。

（3）自动驾驶系统应持续向用户提示明确、充分的自动驾驶系统状态信息，且不应对用户造成干扰。当自动驾驶系统状态发生变化时，自动驾驶系统应及时为用户提供必要的提示信息。

（4）对于需要驾驶员接管的自动驾驶系统，应具备驾驶员接管能力监测功能，明确对于驾驶员具备动态驾驶任务接管能力的定义、监测指标以及阈值的设计逻辑，应对驾驶员是否具备动态驾驶任务接管能力进行识别，并在驾驶员能力不能满足要求时，发出警告信号。

（5）车辆应依法依规合理通过声音、照明、光信号、无线电信号等与其他道路使用者或相关设施进行交互，保障信息交互的有效性以及交通规则的符合性。

2.4.5　产品运行安全要求

对于与传统交通工具等混合运行的交通场景，遵守交通规则和保持良好的驾驶习惯是自动驾驶决策的重要前提，也是交通安全的基本保障。为了保障自动驾驶汽车能够有效遵守交通规则，提高安全通行水平，自动驾驶系统在激活状态下，应遵循《中华人民共和国道路交通安全法》《中华人民共和国道路交通安全法实施条例》，以及车辆运行所在地的相关道路交通通行规则规定，满足道路交通安全管理相关要求。此外，自动驾驶系统在激活状态下，不应对车辆驾乘人员和其他交通参与者造成不合理的交通安全风险。

2.4.6 网络安全和数据安全要求

自动驾驶汽车需要依靠复杂的传感器、控制系统和网络通信系统来实现其功能，各组件和系统在数据传输、处理和控制过程中可能会面临各种网络攻击和威胁。因此，确保汽车各组件和系统免遭恶意攻击、非法访问等网络安全威胁，保障数据的完整性、机密性和可用性，防止数据泄露、篡改或干扰，是自动驾驶汽车网络安全与数据安全防护的重点。自动驾驶汽车网络安全与数据安全的技术要求是为了保障其正常运行、行驶安全、数据可靠和隐私安全，并能有效应对不断变化的网络安全威胁而提出的。

为了有效应对未经授权的访问和外部攻击、通信干扰和阻断、供应链攻击、数据窃取和篡改等网络安全和数据安全风险，对于自动驾驶汽车产品，网络安全与数据安全技术防护能力要求应至少包括以下 6 个方面。

（1）应能够防御车辆外部连接安全威胁，包括利用第三方应用漏洞进行攻击、外部接口（如 USB、OBD 等）入侵等。应系统、全面地分析授权第三方应用、非授权第三方应用、USB 接口、SD 卡接口、OBD 维修诊断接口以及远程控制指令等外部连接安全需求。

（2）应能够防御通信通道安全威胁，包括车辆接收消息的欺骗攻击、窃听攻击、劫持或重放攻击，未经授权操作、删除或篡改车辆上的代码，拒绝服务攻击，非法提权攻击，恶意数据注入，等等。

（3）应能够防御软件升级安全威胁，包括破坏软件升级程序或固件、篡改软件升级包等。应系统分析车载软件升级系统安全防护、在线升级等安全需求。

（4）应能够防御车辆数据安全威胁，包括未经授权提取、操作或删除车辆数据，个人信息泄露、篡改、丢失等。应系统分析个人信息保护、重要数据存储、数据交互传输等数据安全保障需求。

（5）应能够防御行为安全威胁，包括无意加载恶意软件、无意触发网络安全风险点等。

（6）应能够防御物理操控安全威胁，包括未经授权替换关键的车辆电子控制单元、添加车辆电子控制单元进行中间人攻击等，具体可覆盖关键零部件身份识别、非授权零部件异常连接告警、访问控制、物理操控入侵检测等内容。

2.4.7　软件升级要求

软件升级是指将某版本的软件程序或配置参数更新到另一个版本，其中，软件是指电子控制系统中由数字数据和指令组成的部分。智能网联汽车软件升级日益频繁，部分软件会影响车辆的功能和性能，甚至引入车辆行驶安全风险。

为了保障车辆安全、可靠地进行软件升级，避免出现软件篡改、影响驾驶安全等问题，智能网联汽车软件升级应至少满足以下 7 个要求。

（1）应保护升级包的真实性和完整性，以合理地防止其受到损害和进行无效软件升级，并应保护车辆上的软件版本免遭篡改。

（2）车辆应具备更新软件版本的能力，并应能通过标准化的电子通信接口读取软件版本。

（3）在执行软件升级前，应确保车辆满足先决条件，如确保车辆有足够的电量完成软件升级，还应告知车辆用户有关软件升级的信息，并应得到车辆用户的确认。

（4）当执行软件升级可能影响车辆安全时，应在升级执行过程中通过技术手段确保车辆安全。

（5）若执行软件升级影响驾驶安全，应确保升级执行期间无法驾驶车辆，并确保驾驶员不能使用任何可能影响车辆安全或成功执行软件升级的车辆功能。

（6）在执行软件升级后，应告知车辆用户软件升级的结果。

（7）若升级失败或中断，车辆软件应能够恢复到以前的可用版本，或确保车辆处于安全状态。应明确车辆安全状态的定义并证明其有效性。

2.4.8　数据记录要求

为了有效支撑自动驾驶相关的事故重建与分析、责任主体判定等工作，防止记录的数据被篡改和伪造，自动驾驶汽车应具备事件数据、自动驾驶数据等关键数据的记录功能，并能安全存储、记录自动驾驶功能激活期间的车辆实时工作状态。因此，智能网联汽车数据记录应至少满足以下 5 个要求。

（1）自动驾驶数据记录功能记录的数据元素应至少包括车辆及自动驾驶数据记录系统基本信息、车辆状态及动态信息、自动驾驶系统运行信息、行车环境信息、驾乘人员操作及状态信息等。

（2）在自动驾驶系统激活期间，记录的事件应至少包括自动驾驶系统激活和退出、发出介入请求、开始执行最小风险策略、发生严重失效、有碰撞风险、发生碰撞等。

（3）智能网联汽车产品应具备数据存储能力、断电存储能力，遵循存储覆盖机制，能够持续正常记录和存储数据。

（4）记录的数据应能被提取并被正确解析，能通过标准化的方法或途径实现数据提取。

（5）智能网联汽车产品应保证记录数据的完整性和真实性，以防止数据被篡改、伪造或恶意删除。

2.5 自动驾驶汽车产品过程保障与测试要求

对于作为复杂信息物理系统的自动驾驶汽车，为了保障车辆的安全性，避免在实际运行过程中造成不合理的安全风险，基于自动驾驶安全技术要求，从系统工程的角度出发，需要综合考虑车辆产品过程保障与测试要求。

2.5.1 产品过程保障要求

根据设计保障安全的产品安全设计理念，科学、合理的开发过程是自动驾驶汽车安全的重要保障，应在产品、服务、系统的设计和开发阶段就充分考虑和融入安全因素，以确保最终产品在使用过程中能够为用户提供高度的安全保障。

作为复杂信息物理系统，智能网联汽车的产品开发过程可以粗略划分为概念、开发、验证与确认等阶段，面临功能安全设计缺陷、功能不足、系统失效、网络威胁、数据泄露等多种安全风险，在设计过程中应始终以用户的安全为出发点，综合考虑各种使用场景和潜在风险，从而为用户提供更加安全、可靠的使用体验。

对于智能网联汽车产品的过程保障要求，主要包括整车，尤其是自动驾驶系统的功能安全过程保障要求、预期功能安全过程保障要求，以及面向整车的网络安全和数据安全过程保障要求。

1. 功能安全过程保障要求

为保障智能网联汽车达到一定的功能安全水平，在设计方面，要满足失效识别、危害分析和风险评估、安全分析等要求；在验证方面，要满足功能安全集成测试和确认要求；在开发接口方面，要保障系统、硬件和软件各层级满足整车功能安全要求。功能安全过程保障侧重对产品开发过程提出要求，核心是保障智能网联汽车安全运行的鲁棒性。智能网联汽车，尤其是自动驾驶系统的功能安全过程保障要求应至少包括以下 6 个方面。

（1）应在整车层面定义和描述自动驾驶系统，包括但不限于自动驾驶功能和接口，其与驾驶员、环境和其他系统的依赖性和交互方式，以及技术标准要求。

（2）应定义由自动驾驶功能异常表现导致的危害，结合合理的运行场景识别危害事件，针对危害事件，按照严重度、暴露概率和可控性进行评估，确认合理的汽车安全完整性等级（ASIL）、危害事件的安全目标。

（3）应按照整车功能安全开发的相关规定进行功能安全分析，明确功能安全概念。功能安全概念应考虑运行模式、故障容错时间间隔、安全状态、紧急运行时间间隔、功能冗余等，并将其分配给自动驾驶系统的架构要素或外部措施。系统开发层面的安全分析应明确安全分析过程、系统架构层级要素、要素的功能描述、要素的潜在安全相关失效模式、失效后果（包括系统层面、整车层面）、安全机制的说明等。

（4）应定义与自动驾驶系统功能安全相关零部件供应商的开发接口协议，明确角色和责任要求，确保在系统、硬件和软件各层级满足整车安全要求。

（5）应进行整车层面功能安全集成测试，通过基于需求的测试、故障注入测试等方法，确保整车和自动驾驶系统的相关要求得到满足。

（6）应满足功能安全确认要求，通过检查、测试等方法，确保安全目标在整车层面正确、完整并得到充分实现。

2. 预期功能安全过程保障要求

为了保障智能网联汽车达到一定的预期功能安全水平，在开发过程方面，应提出规范设计、功能不足和触发条件识别与评估、功能改进等迭代设计要求；在验证确认方面，要满足已知危害场景和未知危害场景验证确认要求；在开发接口方面，要保障零部件符合对应的预期功能安全设计、开发、验证、确认等规定。预期功能安全过程保障的核心是通过迭代开发、验证确认等方式，满足对已知风险和未知风险的合理控制，保障智能网联汽车的安全。自动驾驶系统的预期功能安全过程保障要求应至少包括以下 4 个方面。

（1）应满足自动驾驶系统预期功能安全规范定义和设计的要求，包括但不限于自动驾驶功能及其设计运行条件、动态驾驶任务执行、接管、最小风险策略、人机交互等技术要求。开展危害分析和风险评估工作，制定合理的风险可接受准则。

（2）应识别与评估潜在功能不足和触发条件引起的危害，定义危害行为量化安全指标，制定残余风险接受准则，量化里程累计测试关闭条件，并应用功能改进等措施避免不合理的风险。

（3）应定义验证与确认策略，并进行预期功能安全的验证与确认，评估已知危害场景和未知危害场景，以确保不存在不合理的预期功能安全风险，并对运行阶段产品的预期功能安全风险进行合理管控。

（4）应定义与自动驾驶系统预期功能安全相关零部件供应商的开发接口协议，确保整车和零部件符合对应的预期功能安全设计、开发、验证、确认等规定。

3. 网络安全和数据安全过程保障要求

按照网络安全和数据安全的管理要求，针对智能网联汽车产品的概念设计、产品开发、验证确认、生产维护等阶段，汽车生产企业应有针对性地建立管理体系，规范产品的开发流程并指导产品开发。落实企业管理体系要求，通过实施产品生命周期的网络安全和数据安全管理，最大限度地降低智能网联汽车产品遭受网络攻击的风险，保护重要数据及个人信息，保障车辆及乘员安全。智能网联汽车网络安全和数据安全过程保障要求应至少包括以下 4 个方面。

（1）应开展网络安全和数据安全风险评估，包括资产识别、威胁场景识别、攻击路径分析、风险等级评估、风险处置措施，应考虑所有与供应商等相关的风险。

（2）在概念设计阶段，应根据网络安全和数据安全风险评估结果，明确网络安全和数据安全的目标和要求，设计安全架构和功能。

（3）在产品开发阶段，应适当地处理或管理已识别的风险，实现网络安全和数据安全风险防范应对处置措施，满足整车网络安全和数据安全的目标和要求等，保护车辆免遭风险评估中确定的风险危害。

（4）在验证确认阶段，应开展整车网络安全和数据安全测试验证，并提供确认情况说明（包括测试指标、测试方法、测试环境、测试结果等），确保有效处置所有已识别的安全风险，以及有效、合理、完整地实现网络安全目标和要求等。

2.5.2　产品测试要求

由于其系统技术实现、应用场景等具有多重复杂性，加之面临网络安全、数据安全等多种安全威胁，应对自动驾驶汽车开展模拟仿真、封闭场地、实际道路以及软件升级、数据记录、网络安全和数据安全等测试，全面验证车辆产品对自动驾驶安全技术要求的符合性。为了实现自动驾驶比人类驾驶更安全的设计初衷，在开展模拟仿真、封闭场地和实际道路测试时，还应与熟练、谨慎的驾驶员操控车辆的水平开展对比分析。

同时，为了保障测试结果的有效性，试验过程中不应变更与自动驾驶功能相关的硬件及软件。如有涉及自动驾驶功能相关的硬件及软件变更，则必须补充开展回归测试等相关测试评估工作，以确认最新的硬件、软件等更改未对现有功能的安全产生不利影响。

1. 模拟仿真测试要求

模拟仿真测试是指以实际采集、计算推理等建模的方式对智能网联汽车及其应用场景进行数字化还原，建立尽可能接近真实世界的车辆模型和仿真环境，通过对车辆模型在仿真环境中的运行分析，评估车辆在设计运行条件下的安全性，以达到对车辆自动驾驶系统进行有效测试的目的。

模拟仿真测试可用于评估智能网联汽车在多样化场景和复杂条件下的功能及性能，与封闭场地测试和实际道路测试协同实施，可以构成较为系统、完备的基于场景的测试评估体系，对于全面评估智能网联汽车自动驾驶系统的安全性具有重要作用。

为了保障测试场景的覆盖度以及仿真测试的真实性和有效性，自动驾驶系统模拟仿真测试要求应至少包括以下 4 个方面。

（1）应通过定义设计运行条件下不同场景要素的参数组合，验证自动驾驶系统是否符合安全要求。

（2）应证明模拟仿真测试场景至少包括充分、合理的标称场景、危险场景和边缘场景[13]，以有效地验证自动驾驶系统的安全性。

（3）应证明所使用的模拟仿真测试工具链置信度，以及车辆动力学、传感器等模型可信度，并通过与封闭场地测试和实际道路测试结果对比等手段验证模拟仿真测试的可信度。

（4）应提供模拟仿真测试过程中所涉及的测试场景集、测试手段、测试方法、评估方法以及测试数据管理（如记录、处理、存储）等说明，应确保模拟仿真测试结果的可追溯性。

2. 封闭场地测试要求

封闭场地测试是指在封闭场地内开展的针对智能网联汽车的实车测试，用于验证车辆自动驾驶系统在典型场景下的功能和性能。封闭场地测试具有交通参与者与目标物可控、场景可复现等特点。

封闭场地测试应充分考虑车辆自动驾驶功能、设计运行条件、模拟仿真测试输入等，提出封闭场地测试的典型场景，以及对应的测试方法和通过条件，搭建封闭场地测试场景，有针对性地开展相应测试工作，同时验证模拟仿真测试结果。

为了保障封闭场地测试的针对性和有效性，封闭场地测试的具体要求应至少包括以下 4 个方面。

（1）应采用封闭场地测试方法，验证产品在封闭场地典型场景下的安全性。

（2）封闭场地测试应考虑自动驾驶系统设计运行条件下的关键要素。场景应表征设计运行条件下所要求的行驶工况，并统筹考虑交通环境及附属设施情况。

（3）应对测试开展过程进行记录，对测试过程中所涉及的测试环境、测试人员、测试设备及测试方法的规范性负责，确保测试结果的一致性和准确性。

（4）应对测试数据进行记录，至少包含测试车辆自动驾驶系统软硬件版本信息、车辆控制模式、车辆运动状态参数、车辆灯光和相关提示信息状态、反映试验人员及人机交互状态的车内视频及语音监控情况、反映测试车辆行驶状态的视频信息、目标物的位置及运动数据等内容，确保测试结果的可追溯性，并对测试结果进行分析与评估。

3. 实际道路测试要求

实际道路测试是指在公共道路上开展的针对智能网联汽车的实车测试，具有真实环境运行、复杂场景应对、实时数据反馈、交通法规符合性验证等特点，但也存在安全风险相对较大、测试成本较高、不可预测性、重复测试困难等缺点。

为了保障测试的安全性、针对性和有效性，实际道路测试应在车辆通过了较为充分的模拟仿真测试和封闭场地测试后开展，并严格遵守相应的实际道路测试管理要求，还应选取与设计运行条件相匹配的道路，基于测试里程及时长、测试场景要素覆盖等关键因素设计测试方案，重点测试车辆在真实交通环境中的行为表现和应对真实交通环境的能力。

基于上述考虑，针对实际道路测试的具体要求应至少包括以下5个方面。

（1）应在封闭场地测试通过后，进行实际道路测试，保障实际道路测试的安全性。

（2）应根据自动驾驶系统所声明设计运行范围对应的道路类型，开展车辆实际道路连续场景测试，以验证产品在真实交通环境下的安全性。

（3）应对测试开展过程进行记录，对实际道路测试过程中所涉及的测试环境、测试人员、测试设备及测试方法的规范性负责，确保测试结果的一致性和准确性。

（4）应对测试数据进行记录，至少包含测试车辆自动驾驶系统软硬件版本信息、车辆控制模式、车辆行驶状态、试验人员状态、人机交互状态、测试里程及时长、人工接管、车辆碰撞等内容，确保测试结果的可追溯性。

（5）应对测试车辆进行监测，基于测试里程及时长、自动驾驶功能的响应及试验人员的干预等，验证所声明的自动驾驶功能应对真实交通环境的能力。

4. 软件升级测试要求

为了规范汽车生产企业的软件升级行为，提高软件升级过程的安全性和可控性，保障消费者的合法权益，除了应对汽车生产企业及其软件升级系统等提出管理和技术要求外，还应对车辆端的软件升级功能进行必要的测试验证工作，具体要求应至少包括以下两个方面。

（1）应开展升级包真实性和完整性、软件版本更新及读取、软件版本防篡改、用户告知、用户确认、先决条件、电量保障、车辆安全、驾驶安全、结果告知等测试，确保符合技术要求。

（2）应对测试开展过程进行记录，对软件升级测试过程中所涉及的测试用例、测试环境、测试人员、测试设备及测试方法的规范性负责，确保测试结果的一致性和准确性。

5. 数据记录测试要求

目前，智能网联汽车的数据记录功能主要通过汽车事件数据记录系统（Event Data Recorder，EDR）[14]和自动驾驶数据记录系统（Data Storage System for Automated Driving，DSSAD）[15]实现。数据记录测试的具体要求应至少包括以下两个方面。

（1）应满足数据记录测试要求，包括事件触发试验、连续记录触发试验、数据存储能力试验、存储覆盖机制试验、断电存储试验、网络安全试验、防护性能试验等。

（2）应对测试开展过程进行记录，对数据记录测试过程中所涉及的测试用例、测试环境、测试人员、测试设备及测试方法的规范性负责，确保测试结果的一致性和准确性。

6. 网络安全和数据安全测试要求

网络安全和数据安全测试重点针对车辆已经实施的网络安全和数据安全技术或者风险处置措施，验证与车辆网络安全和数据安全需求、目标的匹配情况，以确认产品的网络安全和数据安全是否满足规定要求。网络安全和数据安全测试重点保障产品网络安全和数据安全管理目标的落实，以整车为试验对象，从车辆的外部连接安全、通信通道安全、软件升级安全、车辆数据安全、行为安全、物理操控安全等层面开展。网络安全和数据安全测试的具体要求应至少包括以下两个方面。

（1）应选择适用的方法，对车辆外部连接安全、通信通道安全、软件升级安全、车辆数据安全、行为安全、物理操控安全等进行适当和充分的测试，以验证所实施的安全措施的有效性。

（2）应对测试开展过程进行记录，对网络安全和数据安全测试过程中所涉及的测试用例、测试环境、测试人员、测试设备及测试方法的规范性负责，确保测试结果的一致性和准确性。

2.5.3　与安全技术要求的对应关系

为了有效评估自动驾驶汽车的安全性，保障自动驾驶汽车安全技术要求的落地，有必要系统梳理并明确产品过程保障、测试与自动驾驶安全技术要求的逻辑对应关系。根据 2.4 节、2.5.1 小节和 2.5.2 小节，自动驾驶汽车安全技术要求包括动态驾驶任务执行、接管、最小风险策略、人机交互、产品运行安全、网络安全和数据安全、软件升级、数据记录 8 个方面的要求；产品过程保障包括功能安全、预期功能安全、网络安全和数据安全 3 个方面的要求，覆盖智能网联汽车，尤其是覆盖自动驾驶系统开发过程中要求的部件级、系统级和整车级，重点评估产品在开发过程中的风险管控水平；产品测试用于支撑整车级产品测试验证和安全评估，主要包括基于场景的测试（模拟仿真测试、封闭场地测试、实际道路测试），以及网络安全和数据安全测试、软件升级测试、数据记录测试等。具体对应关系见表 2-1。

表2-1　产品过程保障、测试与自动驾驶汽车安全技术要求的对应关系

自动驾驶汽车安全技术要求	产品过程保障			产品测试					
				基于场景的测试					
	功能安全	预期功能安全	网络安全和数据安全	模拟仿真测试	封闭场地测试	实际道路测试	网络安全和数据安全测试	软件升级测试	数据记录测试
动态驾驶任务执行	√	√	—	√	√	√	—	—	—
接管	√	√	—	√	√	√	—	—	—
最小风险策略	√	√	—	√	√	√	—	—	—
人机交互	√	√	—	√	√	√	—	—	—
产品运行安全	√	√	—	√	√	√	—	—	—
网络安全和数据安全	—	—	√	—	—	—	√	—	—
软件升级	—	—	—	—	—	—	—	√	—
数据记录	—	—	—	—	—	—	—	—	√

注：√表示测试/评估项，—表示非测试/评估项。

2.6　小结

本章从第三方视角出发，参考国内外自动驾驶汽车测试评估方法的最新研

究结果，结合我国智能网联汽车的安全管理需要，针对特定设计运行条件下自动驾驶汽车面临的主要安全风险，研究提出了一套自动驾驶汽车安全测试评估方法。该方法从基础测试评估和监测调整两个阶段，分别基于企业安全保障能力、产品过程保障和测试要求的满足情况，以及对于车辆实际运行过程中安全事件的监测情况，有针对性地开展自动驾驶汽车安全综合评估。此外，本章还对功能安全、预期功能安全、网络安全、数据安全、软件升级等企业安全保障能力要求，功能安全、预期功能安全、网络安全和数据安全等产品过程保障要求，以及模拟仿真、封闭场地、实际道路、网络安全和数据安全、软件升级、数据记录等产品测试验证要求分别进行了分析和阐述。

　　本章对智能网联汽车自动驾驶安全测试评估方法进行了初步探索，可以为智能网联汽车的安全管理提供一定的思路和方法作为参考。

参考文献

[1] Economic Commission for Europe. Guidelines and Recommendations for Automated Driving Systems Safety Requirements, Assessments and Test Methods to Inform Regulatory Development [Z]. United Nations: Economic Commission for Europe, 2024.

[2] National Highway Traffic Safety Administration. Federal Automated Vehicles Policy: Accelerating the Next Revolution in Roadway Safety [Z]. United States: National Highway Traffic Safety Administration, 2016.

[3] National Highway Traffic Safety Administration. Automated Driving Systems: A Vision for Safety 2.0 [Z]. United States: National Highway Traffic Safety Administration, 2017.

[4] National Highway Traffic Safety Administration. Preparing for the Future of Transportation: Automated Vehicles 3.0 [Z]. United States: National Highway Traffic Safety Administration, 2018.

[5] National Highway Traffic Safety Administration. Ensuring American Leadership in Automated Vehicle Technologies: Automated Vehicles 4.0 [Z]. United States: National Highway Traffic Safety Administration, 2020.

[6] OICA. Future certification of automated/autonomous driving systems [R]. French: OICA, 2019.

[7] Economic Commission for Europe. New Assessment/Test Method for Automated Driving (NATM) Guidelines for Validating Automated Driving Safety (ADS) [Z]. United Nations: Economic Commission for Europe, 2023.

[8] 工业和信息化部. 关于加强智能网联汽车生产企业及产品准入管理的意见 [Z]. 北京: 工业和信息化部, 2021.

[9] International Organization for Standardization. ISO 26262: 2018 Road Vehicles—Functional Safety [S]. Switzerland, 2018.

[10] International Organization for Standardization. ISO 21448: 2022 Road Vehicles—Safety of the Intended Functionality [S]. Switzerland, 2022.

[11] International Organization for Standardization, and SAE International. ISO/SAE 21434: 2021 Road Vehicles—Cybersecurity Engineering [S]. Switzerland/United States, 2021.

[12] 全国人民代表大会常务委员会. 中华人民共和国数据安全法 [Z]. 北京: 全国人民代表大会常务委员会, 2021.

[13] European Commission. Commission Implementing Regulation (EU) 2022/1426 of 5 August 2022: Laying Down Rules for the Application of Regulation (EU) 2019/2144 of the European Parliament and of the Council as Regards Uniform Procedures and Technical Specifications for the Type-Approval of the Automated Driving System (ADS) of Fully Automated Vehicles [Z]. Europe: European Commission, 2022.

[14] 国家市场监督管理总局, 国家标准化管理委员会. GB 39732—2020 汽车事件数据记录系统 [S]. 北京: 中国标准出版社, 2020.

[15] 国家市场监督管理总局, 国家标准化管理委员会. GB 44497—2024 智能网联汽车 自动驾驶数据记录系统 [S]. 北京: 中国标准出版社, 2024.

第 **3** 章

自动驾驶汽车生产
企业安全保障能力
评估方法

为应对智能化、网联化、自动驾驶等带来的安全风险，汽车生产企业应具备功能安全、预期功能安全、网络安全、数据安全、软件升级等安全保障能力，重点是建章立制，明确责任人，具备相应的流程、技术、工具等，可以保障产品的相关安全要求能够切实得以落实。

3.1 功能安全保障能力评估

为保障智能网联汽车的功能安全，汽车生产企业应具备规范的功能安全管理及开发流程。汽车行业的功能安全标准起源于工业界的功能安全标准 IEC 61508：2000《电气／电子／可编程电子安全相关系统的功能安全》。结合功能安全在工业领域的优秀实践，并充分考虑汽车行业的特殊性，ISO 先后于 2011 年和 2018 年发布了第一版和第二版面向道路车辆的功能安全标准 ISO 26262。同时，考虑到汽车智能化、网联化以及人工智能等技术的快速发展，第三版 ISO 26262 标准的修订和完善工作已于 2023 年启动。

企业功能安全保障能力评估应重点关注汽车生产企业是否建立了健全的功能安全保障体系，包括覆盖产品生命周期的流程制度、功能安全文化等，是否能从制度层面保障功能安全活动落到实处。企业功能安全保障能力是根本，只有在顶层设计上重视功能安全，才能更好地保障产品的功能安全。基于汽车领域功能安全的长期实践，ISO 26262: 2018 和 GB/T 34590—2022 中规定了功能安全的总体架构，如图 3-1 所示，并提供了覆盖汽车功能安全生命周期（概念、产品开发、生产、运行、服务、报废）的参考过程模型。

功能安全包含在概念、产品开发、生产、运行、服务和报废阶段的主要安全活动。其中，根据层级的不同，产品开发可以进一步分为系统层面、硬件层面和软件层面的产品开发。此外，功能安全管理和支持过程贯穿整个生命周期。

汽车产业链复杂，只有汽车生产企业和供应商协同配合，才能完整实现定义的整车功能，对于复杂的自动驾驶系统，则更是如此。其中，汽车生产企业直接对整车产品功能安全负责，供应商则接受汽车生产企业的监督，为汽车生产企业提供安全、可靠的零部件或子系统。因此，落实汽车生产企业安全责任是实现车辆功能安全的重点，从企业保障体系方面至少需要关注功能安全管理、概念阶段、产品开发阶段（系统层面）、生产和运行阶段的功能安全要求以及支持过程等方面。

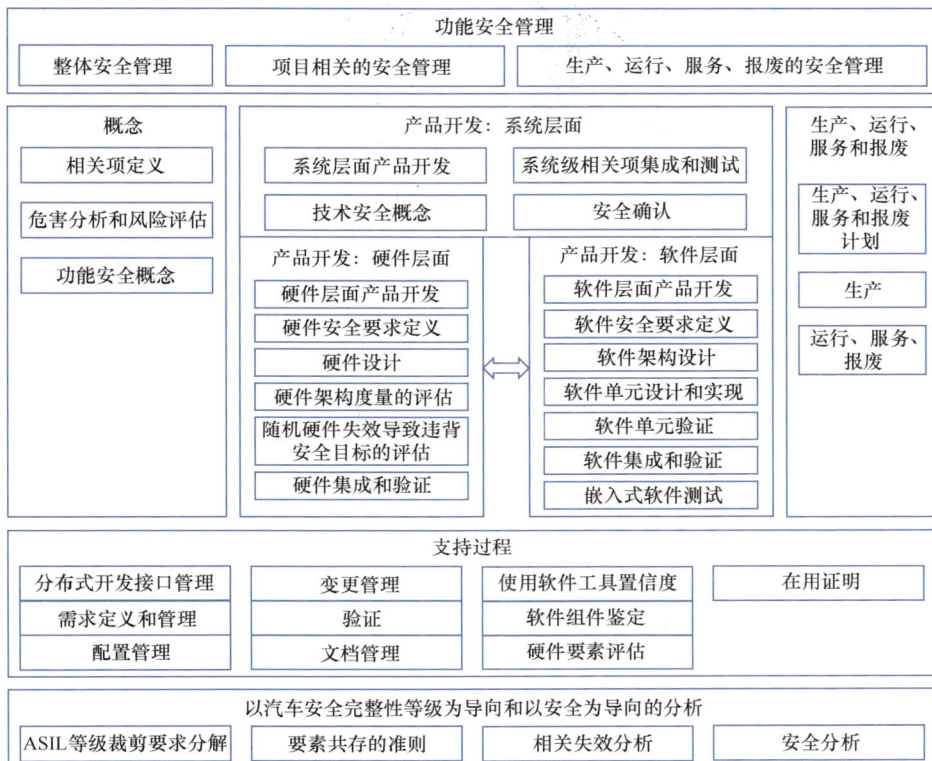

功能安全管理		
整体安全管理	项目相关的安全管理	生产、运行、服务、报废的安全管理

概念
- 相关项定义
- 危害分析和风险评估
- 功能安全概念

产品开发：系统层面
- 系统层面产品开发
- 技术安全概念
- 系统级相关项集成和测试
- 安全确认

产品开发：硬件层面
- 硬件层面产品开发
- 硬件安全要求定义
- 硬件设计
- 硬件架构度量的评估
- 随机硬件失效导致违背安全目标的评估
- 硬件集成和验证

↔

产品开发：软件层面
- 软件层面产品开发
- 软件安全要求定义
- 软件架构设计
- 软件单元设计和实现
- 软件单元验证
- 软件集成和验证
- 嵌入式软件测试

生产、运行、服务和报废
- 生产、运行、服务和报废计划
- 生产
- 运行、服务、报废

支持过程			
分布式开发接口管理	变更管理	使用软件工具置信度	在用证明
需求定义和管理	验证	软件组件鉴定	
配置管理	文档管理	硬件要素评估	

以汽车安全完整性等级为导向和以安全为导向的分析			
ASIL等级裁剪要求分解	要素共存的准则	相关失效分析	安全分析

图3-1　功能安全的总体架构[1-2]

3.1.1　功能安全管理

　　功能安全管理贯穿功能安全整个生命周期，是一切功能安全活动的基础。功能安全管理要求为产品开发的每个阶段建立安全开发管理架构，包括整体安全管理、项目相关的安全管理，以及生产、运行、服务、报废的安全管理等。其中，整体安全管理和项目相关的安全管理是关注的重点，项目相关的安全管理依托整体安全管理，允许根据项目的特殊性对整体安全管理流程进行必要的裁剪。

　　功能安全管理的内容主要包括：进行必要的功能安全文化宣贯；保证相关质量管理体系的有效运行；建立覆盖产品生命周期的功能安全相关的组织架构和

安全制度；明确各功能安全活动中组织 / 人员的安全责任，确保执行功能安全生命周期活动的人员具有与其职责相匹配的技能水平、能力和资质；制订切实可行的安全计划；处理项目开发过程中识别的安全相关问题，并进行问题责任分配；明确安全确认措施和安全异常解决机制等，保障安全相关的各项活动按照安全计划有序、高效地进行。

其中，涉及委托供应商分布式开发的，需要签订开发接口协议，明确规定汽车生产企业和供应商的分工和责任边界、汽车生产企业与供应商的沟通机制、供应商的交付物，以及汽车生产企业对其进行认可确认的方式等，从而确保整个产品的功能安全。

3.1.2 概念阶段

汽车生产企业基于用户需求、应用场景等定义产品需求，包括功能安全方面的需求，需要在概念阶段直接定义车辆顶层安全目标，作为整车功能安全活动的源头。概念阶段包含 3 个子阶段，分别是相关项定义、危害分析和风险评估以及功能安全概念。

符合功能安全的开发过程从相关项定义开始，相关项定义的目的是在整车层面定义并描述相关项的功能，明确功能需求、非功能需求、执行器的能力或能力假设、初始架构，以及与驾驶员、环境、其他相关项的交互，并为充分理解相关项提供支持，以便执行后续阶段的活动。

基于相关项定义，整车危害分析和风险评估（Hazard Analysis and Risk Assessment，HARA）用于导出相关项的安全目标以及对应的 ASIL。在危害分析和风险评估中，对相关项中的由功能异常表现引起的危害事件进行识别和分类，并根据严重度、暴露概率以及可控性对其进行评估，决定危害事件的 ASIL。其中，严重度用来刻画潜在危害事件对人员的伤害程度；暴露概率用来刻画处在某种运行情况下的概率，在该运行情况下，如果发生分析的失效模式，可能导致危害；可控性用来刻画通过车内或车外人员的反应避免特定危害的能力。最后，确定防止危害事件发生或减轻危害程度的安全目标，将所确定的危害事件的 ASIL 分配给相应的安全目标。

功能安全概念（Functional Safety Concept，FSC）用于根据安全目标，同

时考虑初步的架构，导出功能安全要求，并将功能安全要求分配给相关项要素。其中，系统架构需要明确标识系统中的关键子系统，以及分配给这些子系统的技术安全需求，包括 ASIL。

汽车生产企业应具备相关的指导书、工作表及检查表模板，用于指导相关项定义、危害分析和风险评估，以及进行功能安全概念活动。

因此，针对概念阶段的功能安全保障能力评估，应重点关注：相关项定义规范及流程，包含功能性需求描述、非功能性需求描述、行为不足描述、执行器的能力或能力假设、系统初步架构，以及项目的边界、接口、与其他项目和元件相互作用的假设等；危害分析和风险评估规范及流程，包含故障模型描述、危害场景分析、严重度评定规范、暴露概率评定规范、可控性评定规范等；功能安全概念规范及流程，包含功能安全目标描述、定义功能安全策略、功能安全需求分配等。

3.1.3 产品开发阶段（系统层面）

在系统开发阶段，功能安全需求会继续被分解为技术安全需求，并最终被分解到软硬件层面。从汽车生产企业的角度看，产品开发的重点是系统层面的开发，系统层面的技术安全需求承上启下。技术安全需求体现了为实现功能安全概念而分解到各独立子系统的关键技术需求，是进一步指导软硬件开发及相关测试活动的基础。此外，系统层面的安全分析有助于进一步挖掘潜在风险，并通过制定安全措施进行有效管控。最后，完成硬件和软件开发后，需要进行系统集成与测试，验证相关的安全措施是否得到正确实施，保证集成后的系统满足对应的安全要求和目标。

产品开发阶段（系统层面）的评估工作应重点考察以下 3 个方面。

（1）具备系统层面的技术安全概念相关指导书和模板，能够基于系统架构进行关联性分析和独立性分析，以及系统层面的技术安全概念活动。具体而言，基于功能安全需求和细化的系统架构，进一步进行安全需求分解，包括 ASIL 分解。

（2）具备系统层面的安全分析方法指导书和模板，能够在系统层面进行有效的安全分析，并制定相应的安全措施，说明一旦系统失效，应如何避免可能的安全危害或减轻伤害。其中，安全分析可采用失效模式与影响分析（Failure Mode and Effects Analysis，FMEA）、故障树分析（Fault Tree Analysis，FTA）或其他适用的安全分析方法。

（3）具备系统/整车层面的验证、确认活动指导书和模板，能够在系统/整车层面进行充分的测试。系统集成测试的对象是集成后的系统，验证贯穿于功能安全整个生命周期中的每一个执行阶段，通过使用多种技术和方法来验证系统实际的安全性能，证明系统要素能正确交互且符合技术安全要求和功能安全要求；整车集成测试的对象是集成系统的整车，对整个开发过程中执行的安全性活动进行评估和确认，包括确保安全性目标得到实现、安全性要求得到满足、安全性分析得到验证，以及确认采取的安全措施有效。

3.1.4　生产和运行阶段

车辆的生产过程直接影响产品的交付质量和安全性，生产工艺流程、工具设备、过程控制、安全要素处理、管理条件、产品配置等都可能导致功能安全风险，需要进行合理应对，以最大限度保障产品设计与生产的一致性。

在产品运行阶段也可能出现功能安全问题，需要及时收集功能安全相关问题并进行分析，采取必要的安全措施消减功能安全风险。

针对生产和运行阶段的功能安全保障能力评估，应重点关注生产计划、生产控制计划、服务计划、用户手册中与安全相关的内容，以及可生产性需求规范、控制措施报告、生产过程能力报告等材料。

3.1.5　支持过程

支持过程贯穿功能安全整个生命周期，包括分布式开发接口管理、需求定义和管理、配置管理、变更管理、文档管理等方面。其中，分布式开发接口管理影响供应商提供产品的安全性；需求定义和管理贯穿整个安全活动，包括需求定义、分解、实现、验证与确认等；配置管理和变更管理可以有效避免系统性风险；文档管理是保障功能安全活动可追溯的关键。

针对支持过程的功能安全保障能力评估，应重点关注分布式开发接口管理制度、安全要求的定义和管理制度、配置管理计划、变更管理计划、验证管理制度、文档管理制度、软件组件鉴定制度、硬件要素的评估制度等材料。

3.1.6　小结

3.1 节在国内外智能网联汽车功能安全研究与企业实践的基础上，提出自动驾驶汽车生产企业功能安全保障能力评估方法，明确了企业功能安全保障体系评估需要重点关注功能安全管理、概念阶段、产品开发阶段（系统层面）、生产和运行阶段的功能安全要求以及功能安全支持过程等。

3.2　预期功能安全保障能力评估

随着自动驾驶技术的快速发展，智能网联汽车电子电气系统及其面临的交通环境愈发复杂，环境干扰、人员误用等不可预见的情况可能影响自动驾驶相关算法，导致非故障类的安全风险日益增加。功能安全等车辆安全体系已经不能完全满足智能网联汽车，尤其是自动驾驶系统的安全保障需求[3]，预期功能安全的应用及评估方法逐渐凸显。

为保障自动驾驶系统的预期功能安全，企业应该具备规范的预期功能安全管理流程，其主体框架可以考虑归纳为"三纵一横"，"三纵"对应产品设计、产品测试和产品运行 3 个阶段，"一横"对应支持过程，贯穿于预期功能安全整个生命周期，如图 3-2 所示。

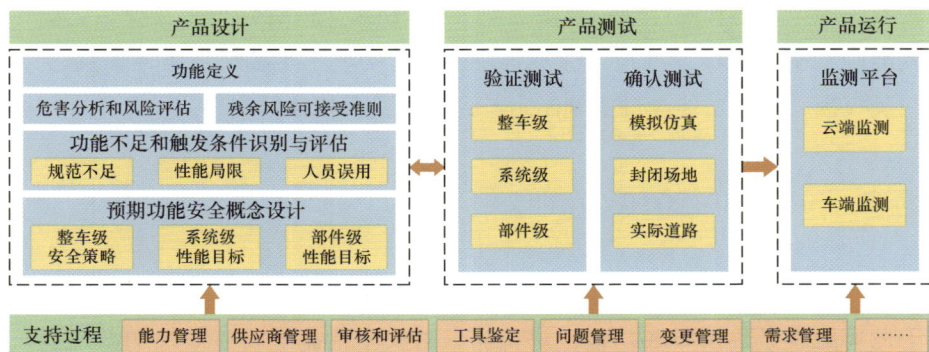

图3-2　企业预期功能安全保障体系框架

3.2.1　产品设计阶段

依据自动驾驶功能定义及设计运行条件，定义自动驾驶系统的顶层安全接受准则，它是系统级、部件级的量化性能指标来源，同时也是整车级确认目标的输入。

在功能不足和触发条件识别与评估环节，围绕功能定义、设计运行条件、危害行为等信息，使用故障树分析、失效模式与影响分析、系统理论过程分析（System-Theoretic Process Analysis，STPA）、危害与可操作性（HAZard and OPerability，HAZOP）分析等安全分析方法得出具体的规范不足、性能局限和人员误用等情况。为保证科学、充分地识别功能不足和触发条件，可以以设计运行条件场景要素及车辆和目标物行为[4]为基础，构建"人—车—环境"关系模型，系统地识别功能不足和触发条件。

在概念设计环节，预期功能安全需求可以分解为整车级、系统级和部件级3个层级。从开发流程的角度来看，每个层级的预期功能安全需求可以作为功能需求融入自动驾驶系统的功能开发中，最终将需求分解到部件级，同时预期功能安全三层级需求可以作为三层级测试的输入。

在预期功能安全需求的具体实现方面，整车级安全措施主要依靠汽车生产企业实现，系统级和部件级安全措施主要依赖汽车供应链企业。从分布式管理的角度来看，系统级和部件级预期功能安全需求的实现由相关开发企业直接负责，最终的整车集成和功能实现由汽车生产企业负责统筹管理。

因此，针对产品设计阶段的预期功能安全保障能力评估，应重点关注自动驾驶系统规范定义和设计规范及模板、危害分析和风险评估规范及模板、风险可接受准则和确认目标设计与评估规范及模板、功能不足和触发条件识别与评估规范及模板，以及功能改进措施制定与评估规范及模板等材料。

3.2.2　产品测试阶段

在产品测试阶段，一方面，三层级测试主要承接预期功能安全三层级需求，基于危害触发条件清单和功能改进措施，对安全措施进行有效性测试；另一方面，基于自动驾驶功能定义、设计运行条件等，建立量化评价指标体系，开展整车级确认测试，通常采用基于场景的测试方法[5]：模拟仿真测试，重点保证仿真场景符合测试覆盖度的要求；封闭场地测试，基于典型标称场景、危险场景和边缘场景，对系统安全措施的有效性进行验证；实际道路测试，需根据自动驾驶功能定义和设计运行条件，制定测试道路及场景要素覆盖度等要求，设定合理的安全裕度（Safety Margin），得出相应的确认目标，并定义测试终止策略。

因此，针对产品测试阶段的预期功能安全保障能力评估，应重点关注验证与确认策略定义规范及模板、已知危害场景测试评估规范及模板、未知危害场景测试评估规范及模板，以及预期功能安全实现效果评估模板等材料。

3.2.3 产品运行阶段

为有效应对车辆上路运行后面临的未知场景风险，需制定有效的智能网联汽车运行监测和风险控制措施。这促进了企业开发流程体系的转变，企业不应再以量产为工程开发的终点，而是需要持续监测车辆上路运行后的安全表现[6]，为自动驾驶系统运行风险分析和安全设计迭代提供数据支撑。

产品运行阶段的监测方式主要有两种：云端监测和车端监测。车端监测平台对车辆运行状态及运行场景进行监测，判断潜在危害行为并上报云端监测平台；云端监测平台则根据上报的问题和数据，监测风险态势，分析风险，并开展必要的产品升级活动。

针对产品运行阶段的预期功能安全保障能力评估，应重点关注运行监测手段、应急处理机制、操作人员指导等，例如，系统功能运行期间，对新识别危害、功能不足或触发条件的处理及更新情况。

3.2.4 支持过程

支持过程贯穿服务于预期功能安全的全过程，包含能力管理、供应商管理、审核和评估、工具鉴定、问题管理、变更管理、需求管理等内容。

预期功能安全和功能安全在支持过程方面，除ASIL等相关要求外，具备较高的兼容性，因此可以从流程体系角度进行融合。相对而言，预期功能安全在开发过程中需求和功能会频繁迭代，需求管理和变更管理更为重要。

此外，需求和功能的迭代可能会对功能安全、网络安全、数据安全等产生影响。因此，从流程体系角度来看，需要搭建预期功能安全、功能安全、网络安全、数据安全的协同保障体系，以实现智能网联汽车的综合安全管理。

3.2.5 小结

3.2 节在国内外智能网联汽车预期功能安全研究与企业实践的基础上，提出自动驾驶汽车生产企业预期功能安全保障能力评估方法，明确了企业预期功能安全保障体系评估需要重点关注的"三纵一横"预期功能安全管理流程，包括产品设计、测试和运行 3 个阶段，以及支持过程。

3.3 网络安全保障能力评估

SAE 于 2016 年发布了汽车网络安全的指南性文件 SAE J3061: 2016，定义了完整的生命周期过程框架，将网络安全贯穿概念设计、生产、运行、服务和报废整个生命周期。ISO 于 2021 年发布了道路车辆网络安全工程标准 ISO/SAE 21434: 2021，覆盖整个产品生命周期的各个阶段。UN/WP.29 于 2021 年发布了网络安全型式批准技术法规 UN/ECE R155，明确了汽车生产企业的网络安全管理体系要求。为适应新形势、新业态和新技术发展需要，我国也在积极推动 ISO/SAE 21434: 2021 的标准转化工作，并于 2024 年发布了强制性国家标准 GB 44495−2024《汽车整车信息安全技术要求》。

GB 44495−2024、SAE J3061: 2016、ISO/SAE 21434: 2021、UN/ECE R155 等国内外法规标准为企业网络安全能力建设指明了方向，同时也为企业网络安全保障能力评估提供了参考依据。结合政策法规、技术标准要求及行业实践，企业网络安全保障能力评估应重点关注汽车生产企业是否完善了汽车网络安全管理制度、风险管控机制、安全监测机制、漏洞管理和应急响应机制、与供应商相关的风险识别和管理能力、持续改进机制等相关内容，以及相关制度、机制等是否合理、有效。从产品生命周期的维度来看，企业网络安全保障体系需至少关注网络安全管理以及概念阶段、产品开发阶段、后开发阶段等方面的网络安全要求。

3.3.1 网络安全管理

网络安全管理涉及组织网络安全管理、项目相关的网络安全管理、分布式网络安全活动管理、持续的网络安全活动管理。其中，组织网络安全管理是指企业应建立并维护网络安全意识管理、能力管理、持续改进的网络安全治理和网络安全文化；项目相关的网络安全管理是指企业应建立与项目相关的网络安全管理能力，允许根据项目的特殊性对整体安全管理流程进行必要的裁剪；分布式网络安全活动管理是指企业应明确定义与供应商在网络安全活动中的交互、依赖和职责；持续的网络安全活动管理是指企业应持续监控、识别、评估、管理网络安全事件或漏洞。

针对网络安全管理的保障能力评估，应重点关注企业是否建立了网络安全生命周期管理机制、供应商相关网络安全风险识别和管理机制、汽车网络安全管理体系持续改进机制等相关内容。

在网络安全生命周期管理评估方面，应重点关注企业是否建立了网络安全生命周期管理制度流程并具备证明其实施的相关证明文件，包括明确企业组织架构、网络安全责任部门、网络安全负责人、网络安全人员岗位说明、培训制度及实施记录；是否具有相应的资源投入、企业网络安全管理纲领性文件、信息共享制度文件、工具管理制度、网络安全审核机制及审核记录文件。

在汽车网络安全管理体系持续改进机制评估方面，应重点关注企业是否建立了网络安全管理体系持续改进的制度流程并具备证明其有效实施的相关文件，包括触发条件、责任分工、更新流程等；是否在关键流程变更、网络安全事件等触发条件发生后及时更新、完善网络安全管理制度、相关机制等，包括管理制度更新、管理体系持续培训的记录等。

3.3.2 概念阶段

概念阶段涉及相关项定义、制定网络安全目标、制定网络安全概念 3 个环节。相关项及其操作环境被识别为相关项定义，相关项定义为后续网络安全活动奠定了基础。基于相关项定义开展网络安全威胁分析和风险评估，制定网络安全目标，并明确网络安全声明。基于网络安全目标及相关项，制定包括网络安全需求和操作环境要求的网络安全概念。

相关项定义至少包括相关项边界、相关项功能、相关项的初始架构等相关内容，制定网络安全目标至少包括基于相关项定义的威胁分析和风险评估、明确网络安全目标、明确网络安全声明及开展网络安全目标验证等相关内容。

针对概念阶段的网络安全保障能力评估，应重点关注企业是否建立了智能网联汽车产品网络安全风险管控机制，并具有网络安全风险识别、威胁分析、评估、处置、测试验证、跟踪管理等相关文档；是否具备网络安全风险识别、分析、评估、处置、测试验证、跟踪等风险管控能力，以及及时消除重大网络安全隐患的能力。

3.3.3　产品开发阶段

在产品开发阶段需定义网络安全规范，开展集成与验证活动，确认是否实现网络安全概念。基于产品开发工作流程，开展组件级和子组件级网络安全设计，定义并验证网络安全规范，识别组件的弱点，证明实施和集成结果符合网络安全规范，并开展整车级网络安全相关项的确认活动。

针对产品开发阶段的网络安全保障能力评估，应重点关注企业是否建立了定义网络安全设计、集成与验证、网络安全确认等相关管理机制和能力，形成网络安全设计、集成与验证、确认等相关文档，并能通过样车展示企业网络安全开发的能力。在网络安全设计方面，企业应具有定义网络安全规范、验证网络安全规范等能力，验证的方法包括评审、分析、模拟、原型法等。在集成与验证方面，企业应具有集成与验证的能力，明确集成与验证的方法，制定集成与验证规范。在网络安全确认方面，企业应具有网络安全确认能力，制定网络安全确认的流程制度，并形成对应网络安全确认的相关文档。

3.3.4　后开发阶段

后开发阶段包括生产、运行和维护、网络安全支持终止和报废等阶段。生产阶段包括零部件级、系统级、整车级网络安全相关项的制造和装配，在生产阶段应制订生产控制计划以确保相关项或组件的后开发阶段网络安全需求能够被满足，防止在生产阶段引入新的漏洞。

运行和维护阶段主要包括建立网络安全监测机制、漏洞管理和应急响应机制。在网络安全支持终止和报废阶段，企业可以结束对相关项或组件的网络安全支持，但相关项或组件依然可以按原有设计正常运行。企业应建立网络安全支持终止和报废的程序，以便在某一相关项或组件终止网络安全支持时与用户沟通。

针对后开发阶段的网络安全保障能力评估，应重点关注企业是否建立了网络安全监测机制、漏洞管理和应急响应机制。其中，网络安全监测机制应包含监测渠道、责任部门、监测频次、流程说明等内容；漏洞管理和应急响应机制应明确漏洞通报、漏洞修复、漏洞关闭、事件应急响应等相关内容，并形成相关记录文件。

3.3.5　小结

3.3 节在国内外智能网联汽车网络安全研究与企业实践的基础上，提出自动驾驶汽车生产企业网络安全保障能力评估方法，明确了企业网络安全保障体系评估需要重点关注的网络安全管理以及概念阶段、产品开发阶段、后开发阶段等方面的要求。

3.4　数据安全保障能力评估

2018 年 5 月，欧盟《通用数据保护条例》正式生效，旨在规范互联网及大数据企业对个人信息和敏感数据的处理，从而保护数据主体权利。2021 年 3 月，欧盟数据保护委员会通过《车联网个人数据保护指南》，提出了联网车辆以及在与出行相关的应用中处理个人数据的相关要求。2021 年 8 月，我国国家互联网信息办公室等五部门联合发布《汽车数据安全管理若干规定（试行）》，明确了汽车数据中的个人信息、敏感个人信息、重要数据以及汽车数据处理者的含义和类型，倡导个人信息和重要数据的车载端本地化存储及本地化处理，确有必要向车外提供的，应进行匿名化和脱敏处理。2024 年 8 月，我国发布了推荐性国家标准 GB/T 44464-2024《汽车数据通用要求》，致力于构建汽车数据安全工程方法论和实践指南。

3.4.1　数据安全管理

企业应建立汽车产品生命周期数据安全流程管理制度，明确数据收集、存储、使用、加工、传输、提供、公开、删除等过程的具体分级防护要求，并确保数据生命周期可追溯，明确汽车数据安全方针、分析管理制度建立环境、确定管理制度的边界及其适用范围等，以支持汽车数据安全管理体系的建立。企业应明确汽车数据安全组织机构并确定相关人员的职责，以确保汽车数据安全管理的决策、管理和执行活动的完成。企业应明确建立与合作供应商、服务提供商、汽车生产企业子组织之间数据安全依赖关系的管理流程。企业应建立数据安全审计制度，以持续改进汽车数据安全管理体系。

企业应建立智能网联汽车产品数据资产管理台账，实施数据分类分级管理，加强个人信息与重要数据保护。企业应明确数据资产的安全管理目标和原则，数据资产台账中应包括数据的种类、数量、范围、保存地点与期限、使用方式，以及开展数据处理活动的情况等。企业应具备数据资产清单定期更新机制，对数据资产的使用、留存及报废等状态进行登记，并定期更新。

针对数据安全管理的保障能力评估，应重点关注企业是否建立了智能网联汽车数据安全生命周期安全管理制度和管理规范，是否具有汽车数据分类分级管理制度，是否具有企业智能网联汽车产品数据资产管理台账。在中华人民共和国境内运营过程中收集和产生的个人信息与重要数据，需按照有关法律、法规、规定在境内存储。因业务需要，确需向境外提供的，需依照法律、行政法规的相关规定执行。

3.4.2　概念阶段

在概念阶段，企业应依法依规落实数据安全风险评估要求，确定合理的汽车数据安全目标。企业应针对智能网联汽车产品开展汽车数据资产梳理及分类分级活动，确定合理的数据类型及级别，包括根据产品功能和业务场景对数据资产情况进行梳理，并建立产品数据资产台账；对识别到的数据资产进行分类分级，分类分级结果应能够真实反映数据本身的属性，完整覆盖产品数据处理活动涉及的内容。企业应具有智能网联汽车产品数据安全风险评估管理制度及能力，应明确数据安全风险评估规范，至少包含风险识别、风险分析、风险评估、风险处置、评估流程、评估方案、评估标准等内容。

针对概念阶段的数据安全保障能力评估，应重点关注企业是否建立了数据安全风险评估能力，并能提供数据安全风险评估规范，说明风险评估对象、方法、结果等，且风险评估结果应该涵盖所有与供应商相关的风险；是否针对识别到的安全风险制定了对应的风险处置措施。

3.4.3　产品开发阶段

在产品开发阶段，企业应具备根据产品数据安全目标开展数据安全需求设计、方案设计及开发的能力。企业应采取智能网联汽车产品数据安全保护技术措施，确保数据持续处于被有效保护和合法使用的状态。

针对产品开发阶段的数据安全保障能力评估，应重点关注企业是否建立了数据安全需求设计、方案设计及开发的相关制度和规范，在数据收集、存储、使用、加工、传输、提供、公开、删除等过程采取了相关技术措施并实施了人员权限管理；是否具有能确保数据处于被有效保护和合法利用状态的说明。

3.4.4　后开发阶段

在后开发阶段，企业应依法依规落实数据安全事件报告等要求。企业应明确数据安全事件管理规范，包含事件分析、事件评级、事件处置、报告流程等，并在发生数据安全事件时，按规定采取处置措施，有效降低影响。企业应明确数据安全投诉举报处理机制，建立数据安全投诉举报渠道并及时受理、处置数据安全投诉举报。

针对后开发阶段的数据安全保障能力评估，应重点关注企业是否建立了数据安全事件管理规范及处理机制，以及是否具有已发生事件的上报及处置相关记录。

3.4.5 小结

3.4 节在国内外智能网联汽车数据安全研究与企业实践的基础上，提出自动驾驶汽车生产企业数据安全保障能力评估方法，明确了企业数据安全保障体系评估需要重点关注的数据安全管理以及概念阶段、产品开发阶段、后开发阶段等方面的要求。

3.5 软件升级管理能力评估

在汽车软件升级管理方面，国内外相关机构制定了一系列的法规和管理规定。UN/WP.29 GRVA[7] 发布了针对软件升级和软件升级管理系统的型式批准法规，提出了软件升级管理体系要求、车辆要求、车辆型式变更和扩展要求等。该法规的解释文件 [8] 进一步明确了型式批准中对软件升级管理的要求。

目前，欧盟、日本等地区和国家已将该法规纳入了各自的车辆型式批准要求，并制订了具体的实施计划。日本 [9-11] 先后颁发了多项智能网联汽车管理文件，允许按照规定的软件升级流程改变车辆软件，并规定了申请及审查相关事宜，提出了软件升级要求和试验规程，以规范管理汽车软件升级。我国有关部委及其技术服务机构[12-13]持续探索推进智能网联汽车软件升级管理工作，提出了企业管理能力要求和产品生产一致性保证要求，明确了汽车软件在线升级备案相关事项。

软件升级在一定程度上改变了企业原有的生产组织架构和流程，企业需具有软件升级管理能力，以满足软件升级安全保障需求。软件升级管理能力是企业为完成软件升级而制定的一种规范组织流程和程序的系统方法 [13]。软件升级管理能力评估内容需要考虑相关法规、标准要求以及企业开展软件升级的实践情况。评估内容应根据评估工作开展情况以及软件升级活动实施情况进行必要的调整，以确保适宜性。评估内容应充分覆盖软件升级通用要求、过程要求、文件和记录要求、安全保障要求、软件升级合规要求等方面。

3.5.1 通用要求

企业应建立智能网联汽车产品软件升级管理制度，具备软件开发管理、配置管理、质量管理、变更管理、发布管理、应急响应管理等能力。企业应制定汽车产品软件升级设计、开发、测试、发布、推送等过程的标准规范，并遵照执行。企业应建立软件升级用户告知机制，明确告知升级目的、升级前后变化、升级预估时间、升级期间无法使用的功能等信息。企业应具备识别车辆初始和历次升级的软件版本的能力，唯一地标识出与被升级系统相关的初始版本、更新版本的软件信息，能够记录与软件升级相关的车辆系统的所有配置。

针对软件升级通用要求的保障能力评估，应重点关注企业是否建立了汽车产品软件升级管理制度、制定了软件升级相关标准规范、具备识别车辆初始和历次升级的软件版本的能力等相关内容。其中，在汽车产品软件升级管理制度方面，企业应具有软件开发管理流程、软件配置管理流程、软件质量管理流程、软件变更管理流程、软件发布管理流程、应急响应流程等。在软件升级相关标准规范方面，企业应具有软件升级设计、软件升级开发、软件升级测试验证、软件升级发布、软件升级推送等标准规范。

3.5.2　过程要求

企业应具备识别、评估和记录软件升级对智能网联汽车产品安全、环保、节能、防盗性能影响的能力，确保符合相关法规、标准和技术要求。企业应具备识别进行软件升级的目标车辆、评估目标车辆软硬件配置与软件升级兼容性的能力，确保软件升级与目标车辆软硬件配置兼容。

针对软件升级过程要求的保障能力评估，应重点关注企业是否建立了软件升级影响评估机制和流程，并能够评估、识别和记录软件升级是否影响车辆产品安全、环保、节能、防盗性能，是否符合国家法律、行政法规、规章规定，是否影响其他系统，等等；是否具备识别软件升级的目标车辆、评估目标车辆软硬件配置与软件升级兼容性的能力，确保软件升级与目标车辆软硬件配置兼容，并建立兼容性评估机制和流程。测试评估流程应该包括以下内容：

（1）基于最后已知配置对软件升级进行回归测试；

（2）列出软件升级所需的硬件方面、软件方面的前提条件；

（3）在下载升级包之前检查这些前提条件采用的方法；

（4）识别目标车型的相关配置，并测试软件升级与已识别配置的兼容性（针对可能有影响的软件部分进行测试)。

3.5.3　文件和记录要求

　　企业应具备记录并安全存储每次软件升级过程相关信息的能力，信息存储应满足相应的时间要求。企业应具备描述软件升级过程、记录目标车辆并确认其配置与软件升级兼容性，以及描述每次软件升级信息的文件，文件应该包括：

　　（1）如何在下载升级包之前检查软件升级的前提条件；

　　（2）软件升级的目的、时间和主要内容；

　　（3）软件升级可能影响的车辆系统或功能；

　　（4）软件升级的系统或功能是否与准入有关，是否影响其符合性；

　　（5）软件升级是否影响系统的任何准入相关参数；

　　（6）获得汽车生产企业内部和 / 或外部的批准记录；

　　（7）执行软件升级的方法和先决条件；

　　（8）确认软件升级能安全可靠执行的证明；

　　（9）确认软件升级已经成功通过验证和确认的证明。

　　针对软件升级文件和记录要求的保障能力评估，应重点关注企业是否具备记录并安全存储每次软件升级过程相关信息的能力，并建立对应的信息存储制度，制度中应明确用于记录和存储信息的过程或程序，以及保护信息的方法，至少包括访问控制、配置控制、质量控制等措施；是否建立了用户告知流程机制，用户告知内容是否包含升级目的、升级前后变化、升级预估时间、升级期间无法使用的功能等信息。

3.5.4　安全保障要求

　　企业应对软件升级采取必要的网络安全防护管理与技术措施，确保软件升级流程安全、可靠，还应建立升级包过程保护机制，合理地防止其在执行前被篡改。应保护软件升级全过程，包括发布软件升级的过程，合理地防止其受到损害。企业应建立针对被升级软件的功能和代码的合理性进行验证和确认的机制，以及处理软件升级突发事件的应急管理机制。

　　针对软件升级网络安全保护的保障能力评估，应重点关注企业是否建立了升级包网络安全管理机制，是否具有防止升级包在执行软件升级前被篡改的记录文档，包括但不限于技术保护方案及对应的测试报告；是否建立了软件升级全过程（包括发布软件升级的系统/平台、车辆系统、传输通道）的网络安全管理规则；是否具有防止软件升级全过程受到损害的记录文档。

3.5.5　软件升级合规要求

　　企业实施软件升级活动前，应当确保升级后的汽车产品符合国家法律法规、技术标准及技术规范等的相关要求，保证汽车产品生产一致性。

　　针对软件升级合规要求的保障能力评估，应重点关注企业是否能够提供用于将软件升级告知车辆用户的方法，并应证明这些方法的有效性。针对软件升级的方式，企业应建立柜应的管理机制，在实施软件升级活动前系统评估软件升级对法律法规、标准规范符合性以及生产一致性的影响。

3.5.6　小结

　　3.5 节在国内外智能网联汽车软件升级研究与企业实践的基础上，提出自动驾驶汽车生产企业软件升级管理能力评估方法，明确了软件升级管理体系评估需要重点关注的通用要求、过程要求、文件和记录要求、安全保障要求、软件升级合规要求等。

参考文献

[1] International Organization for Standardization. ISO 26262: 2018 Road Vehicles—Functional Safety [S]. Switzerland: International Organization for Standardization, 2018.

[2] 国家市场监督管理总局, 国家标准化管理委员会. GB/T 34590—2022 道路车辆 功能安全 [S]. 北京: 中国标准出版社, 2022.

[3] 全国汽车标准化技术委员会. 预期功能安全国际标准ISO 21448及中国实践白皮书 [R]. 天津: 全国汽车标准化技术委员会, 2020.

[4] International Organization for Standardization. ISO/CD 34504: 2022 Road Vehicles—

Test Scenarios for Automated Driving Systems—Scenario Categorization [S]. Switzerland: International Organization for Standardization, 2022.

[5] 刘法旺, 曹建永, 张志强, 等. 基于场景的智能网联汽车"三支柱"安全测试评估方法研究 [J]. 汽车工程学报, 2023, 13(1): 1-7.

[6] European Commission. Regulation (EU) 2018/858 of the European Parliament and of the Council on the Approval and Market Surveillance of Motor Vehicles and their Trailers, and of Systems, Components and Separate Technical Units Intended for such Vehicles [Z]. Europe: European Commission, 2018.

[7] Economic Commission for Europe. UN Regulation No. 156: Uniform Provisions Concerning the Approval of Vehicles with Regards to Software Update and Software Updates Management System [Z]. United Nations: Economic Commission for Europe, 2020.

[8] Economic Commission for Europe. Proposals for Interpretation Documents for UN Regulation No. 156 on Software Update and Software Update Management System [Z]. United Nations: Economic Commission for Europe, 2021.

[9] 日本国土交通省. 道路运输车辆法修正案 [Z]. 日本: 日本国土交通省, 2019.

[10] 日本国土交通省. 机动车特别许可法案 [Z]. 日本: 日本国土交通省, 2020.

[11] 日本国土交通省. 道路运输车辆保安基准 [Z]. 日本: 日本国土交通省, 2022.

[12] 工业和信息化部. 关于加强智能网联汽车生产企业及产品准入管理的意见 [Z]. 北京: 工业和信息化部, 2021.

[13] 工业和信息化部装备工业发展中心. 关于开展汽车软件在线升级备案的通知 [Z]. 北京: 工业和信息化部装备工业发展中心, 2022.

第 **4** 章

自动驾驶汽车过程
保障评估方法

安全一直都是汽车行业的优先关注事项。本章通过功能安全、预期功能安全、网络安全和数据安全3项过程保障措施，对智能网联汽车（尤其是自动驾驶系统）的开发过程提出要求，系统保障智能网联汽车的产品质量安全和运行安全。功能安全侧重解决由电子电气系统故障引起的风险，预期功能安全重点处理由预期功能或其实现的功能不足引起的风险，而网络安全和数据安全则致力于从安全防护的角度来评估车辆被故意操纵的风险，确保汽车的电子电气系统、组件和功能被保护，以及车辆数据处于持续安全状态。

在实现车辆自动驾驶功能时，开发人员应根据车辆的自动驾驶功能及其设计运行条件来充分评估系统可能面临的安全风险。系统、全面的过程保障方法有助于开发人员全面分析系统的复杂性，评估系统风险并采取适当的解决措施。因此，功能安全、预期功能安全、网络安全和数据安全过程保障应根据行业管理和企业开发需要，以适当的方式将安全过程和方法整合到产品开发流程中，同时考虑其相互依赖关系，如图4-1所示。

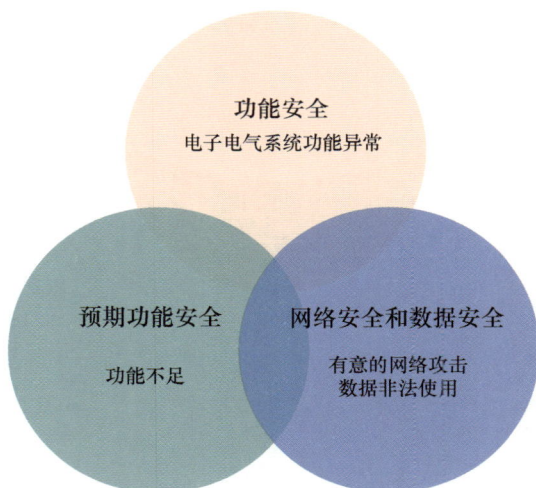

图4-1　功能安全、预期功能安全、网络安全和数据安全过程保障

4.1　功能安全过程保障评估

功能安全活动应能够有效控制系统性失效风险和随机硬件失效风险：通过定义功能安全开发的框架、流程，以及功能安全活动的技术、方法要求来有效降

低或消除产品开发过程中的系统性失效风险；通过定义与 ASIL 关联的硬件度量要求来控制随机硬件失效风险。

总体来看，功能安全活动的主要目的：一是规范系统开发和管理流程，实现体系化安全管理，减少或避免系统性风险，同时提升开发效率、保障整体开发进度；二是规范产品开发过程中使用的安全技术或方法，保障企业切实承担产品功能安全责任；三是通过产品开发过程中的关键活动和关键输出物，形成完整的安全档案和证据链，保障功能安全活动的可追溯性。

随着自动驾驶技术的快速发展，智能网联汽车面临电子电气系统越来越复杂的挑战。智能网联汽车（尤其是自动驾驶系统）的功能安全应用及评估方法，目前已经成为行业研究热点。本节从第三方视角出发，提出一套自动驾驶汽车功能安全过程保障评估方法，分别从功能安全管理、概念阶段、系统层面开发、产品验证与确认测试等方面开展具体的评估方法研究。

4.1.1　总体研究思路

针对自动驾驶系统的功能安全风险，重点面向智能网联汽车（尤其是自动驾驶系统）对企业顶层功能安全保障体系的具体实践，总体评估整车尤其是自动驾驶系统的功能安全水平。产品功能安全过程保障评估聚焦整车 / 系统层面，考察整车 / 系统层面相关功能安全目标的定义、相关功能安全目标的分解以及达成情况，并重点考察产品生命周期中关键的功能安全活动，包括必要的关键节点输出物等文档审查、验证与确认测试评估，从而保障自动驾驶系统的功能安全。功能安全评估总体框架如图 4-2 所示。

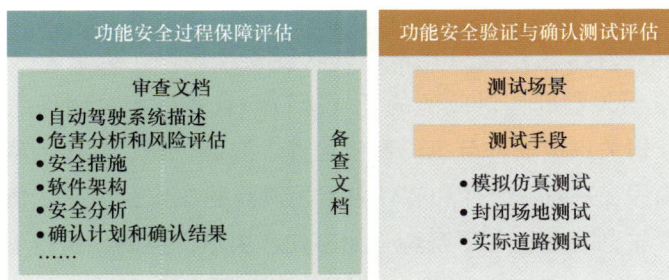

图4-2　功能安全评估总体框架

针对功能安全的评估，除了需要对企业的安全保障能力进行评估外，还需要对产品的功能安全过程保障进行评估。面向自动驾驶汽车的功能安全过程保障是依据企业的功能安全过程保障相关要求，以自动驾驶系统为具体相关项开展的实际功能安全活动。对自动驾驶产品功能安全过程保障的评估也是对具体的功能安全活动的评估。

自动驾驶产品功能安全过程保障评估应重点考虑功能安全管理、概念阶段、系统层面开发，以及产品验证与确认测试。具体来说，对于功能安全管理，由于自动驾驶产品涉及分布式开发，还应覆盖与供应商签订的开发接口协议、汽车生产企业对供应商进行认可和审核的活动等；在概念阶段，需要覆盖自动驾驶系统构成、自动驾驶功能的危害分析和风险评估，以及相应的功能安全概念；系统层面开发应重点覆盖系统层面的技术安全概念、系统安全架构、相关安全分析和对应的安全措施；产品验证与确认测试应覆盖整车 / 系统层面的验证确认计划、活动、结果等，其中，应重点关注系统安全架构设计、安全分析、安全验证与确认情况。

4.1.2　功能安全管理

对于复杂的自动驾驶汽车，在具体的产品研发、生产等过程中，应该严格落实企业功能安全相关的制度和流程要求，明确安全责任，确保相关人员具有相应的水平、能力和资质，准确识别安全相关问题，分配问题责任，明确安全确认措施和安全异常解决机制，并提供相关证明材料。证明材料主要包含基于功能安全管理流程在整车层面定义和描述自动驾驶系统的设计文档，工作成果符合流程中对应的模板、评审记录等材料要求。

此外，针对分布式开发可能带来的功能安全风险，应重点关注自动驾驶系统功能安全相关零部件供应商的开发接口协议等内容，明确汽车生产企业的内部组织及相关供应商的分工、责任边界、沟通机制、交付内容、认可和确认方式等，确保在系统、硬件和软件各层面满足整车安全要求。例如，汽车生产企业应至少与自动驾驶各子系统（如感知、决策、控制、执行）的核心零部件开发部门或供应商签订开发接口协议，制订相应的评审计划，并输出相应的评审记录和总结报告。

4.1.3　概念阶段

概念阶段主要包含相关项定义、危害分析和风险评估、功能安全概念活动等。

应基于功能安全管理流程定义相关项，在整车层面定义和描述自动驾驶系统，包含功能描述，设计运行条件描述，架构框图，软件架构，人机交互，安全性概念，最小风险状态描述，激活和退出条件、人机交互过程等描述，目标和事件探测与响应能力描述，与其他交通参与者的接口及交互描述，各传感器部署描述等。

自动驾驶系统控制策略方面，包括系统在设计运行范围内及边界上执行动态驾驶任务的控制方法和控制策略执行机构，系统与驾驶员、乘员等信息交互的人机界面，以及与其他道路使用者信息交互的车辆外部装置。

系统布置和基本原理方面，包括系统构成单元及零部件清单，包含感知、决策、控制、执行、远程监控、数据存储等单元，以及实现自动驾驶控制所需的车辆其他系统。概述系统各单元功能，说明各单元之间、单元与车辆其他系统（如转向、制动等）之间的内部连接方式。概述系统各单元之间、单元与车辆其他系统之间的信息传输链路，以及自动驾驶系统单元功能部件之间的信号执行链路，并说明多项数据路径的信号优先权，以及优先权对车辆性能及安全性的影响。

在危害分析和风险评估活动中，应针对自动驾驶系统的具体功能，结合自动驾驶系统的设计运行条件，进行危害分析和风险评估，导出安全目标和对应的 ASIL。安全目标中应包含安全状态、故障容错时间间隔等。

在功能安全概念活动中，应针对每一个安全目标，结合系统架构和 ASIL 分解方法要求，输出分解到自动驾驶各子系统（如感知、决策、控制、执行）的功能安全要求。

4.1.4　系统层面开发

基于自动驾驶系统的功能安全概念，需要进一步导出自动驾驶系统在系统层面的技术安全概念。汽车生产企业应进行系统层面的技术安全概念活动，保证自动驾驶系统在故障条件下不存在不合理的安全风险。

汽车生产企业应在整车/系统层面开展安全分析活动，并制定对应的安全措施，说明一旦发生失效，自动驾驶系统如何避免可能的危害或减轻伤害。自动驾驶系统层面的安全分析，可采用潜在失效模式与影响分析、故障树分析或适合系统安全分析的其他类似方法。汽车生产企业应对自动驾驶系统的驾驶控制策略、避撞策略、最小风险策略、干预应对策略等进行描述，制定的安全措施应重点考虑以下4个方面。

一是使用部分系统维持运行。在某些故障条件（如探测相邻车道环境的传感器故障）下，可以维持部分系统运行（如维持在本车道，不支持变道），应明确此类故障条件以及相应的部分系统维持运行的效果。

二是切换到备用系统。如选择备用系统实现动态驾驶任务，应对切换机制的原理、冗余的逻辑和层级、备用系统的状态检查机制等进行说明，并说明备用系统的效果。

三是退出自动驾驶功能。

四是向驾驶员发出警告信号等。

4.1.5 产品验证与确认测试

汽车生产企业应开展自动驾驶系统功能安全验证与确认活动，对验证/确认计划和结果进行检查，证明已达到功能安全目标，并提供相关测试报告，支撑自动驾驶系统功能安全评估。

自动驾驶系统的功能安全验证与确认，需包含功能概念和功能安全概念两部分的验证与确认：功能概念的验证与确认，是车辆系统在非故障条件下的功能试验；功能安全概念的验证与确认，需要向电子电气组件施加相应故障模拟的信号，以检查失效发生时的反应。

整车层面的功能安全概念验证与确认测试主要通过相关项的整车集成和测试实现。一是整车验证测试，即功能安全目标的验证，测试安全要求对于规范以及ASIL的满足情况；二是整车确认测试，即安全性确认，测试涵盖安全要求的系统设计在整个相关项上实施的正确性。功能安全概念验证与确认测试应以自动驾驶功能定义、设计运行条件、功能安全危害分析等为基础，构建测试场景集和测试用例集。对于功能安全概念验证与确认测试，除了测试场景外，还应耦合系统开发过程中安全分析识别的故障失效因素。

4.1.6　小结

4.1 节在国内外智能网联汽车功能安全研究与企业实践的基础上，从第三方视角出发，提出了一套自动驾驶系统功能安全过程保障评估方法，明确了对产品功能安全过程保障评估的要求，提出了功能安全验证与确认测试的评估方法，研究成果可为智能网联汽车自动驾驶安全综合评估提供参考。

4.2　预期功能安全过程保障评估

预期功能安全作为一项系统性工程技术，现已受到国内外学者和机构的广泛关注。ABDULAZIM 等 [1] 将预期功能安全应用于车道保持辅助系统（Lane Keep Assist System，LKAS）的场景及触发事件分析，用于验证干预预测模型。ZHOU 等 [2] 基于国家车辆事故深度调查体系（National Automobile Accident In-Depth Investigation System，NAIS）中事故场景数据的统计分析，研究了自动紧急制动（Autonomous Emergency Braking，AEB）系统感知模块在汽车和两轮车典型危险场景下的预期功能安全问题。ISO 制定了标准 ISO 21448: 2022，重点关注自动驾驶系统因自身设计不足或性能局限在特定触发条件（如环境干扰、人员误用等）下导致的危害，提供指导设计、验证以实现预期功能安全的方法，旨在为智能网联汽车的安全开发、测试、评估提供技术指导。技术报告 ISO/TR 4804: 2020 给出了 3 级和 4 级自动驾驶系统的基本安全开发原则和验证方法，并明确了自动驾驶系统开发过程中对预期功能安全的要求。标准 UL 4600: 2020 也明确了在自动驾驶汽车安全评估的安全原则和流程中融入预期功能安全方法。NHTSA[3] 研究将预期功能安全理念应用于 3 级自动驾驶系统变道和车道居中策略的方法，以推进自动驾驶系统安全评估实践。联合国型式批准法规 UN/ECE R157、欧盟关于自动驾驶系统型式批准技术要求的法规（EU）2022/1426、美国自动驾驶政策 4.0（AV4.0）[4] 等法规或管理要求均引用标准 ISO 21448: 2022，明确提出了自动驾驶系统应符合预期功能安全相关要求。

我国有关部委发布了智能网联汽车相关政策[5]，明确了智能网联汽车准入管理的原则要求及基本框架，并强调了智能网联汽车应符合预期功能安全等过程保障要求。以上研究虽然为智能网联汽车预期功能安全测试评估提供了重要的理论依据，但在实际应用中还需要重点从可操作性的角度、结合产业研发实践深入研究，以更好地支撑智能网联汽车的安全测试评估需求。

4.2.1 总体研究思路

智能网联汽车是集感知、决策、控制、执行等功能于一体的综合复杂系统，预期功能安全需要解决智能网联汽车在多样、复杂、多变场景中面临的安全问题，故对其预期功能安全的评估需全面涵盖对产品预期功能安全过程保障的评估，评估总体框架如图 4-3 所示。

图4-3 预期功能安全评估总体框架

针对预期功能安全的评估，除需要对企业的安全保障能力（如供应商管理等）进行评估外，还需要对产品的预期功能安全过程保障进行评估。首先，要明确产品预期功能安全评估准则；然后，针对预期功能安全开发过程及交付物，建立检查清单，将其作为过程保障评估的依据。

4.2.2 预期功能安全评估准则

1. 设计运行条件评估准则

3 级和 4 级自动驾驶系统仍然受具体应用场景的限制，设计运行条件是自动驾驶功能定义的关键内容。在开展预期功能安全分析、测试、评估等活动时，应以自动驾驶系统的设计运行条件为基础，并评估场景定义的充分性和合理性。

预期功能安全风险的来源主要有：

（1）已知场景中的特定变量参数组合构成的危险场景和边缘场景；

（2）未知场景中的变量参数组合。

因此，设计运行条件评估主要包括自动驾驶系统安全激活和运行的外部环境条件构建框架、设计运行条件描述文档、设计运行条件对设计使用范围的覆盖度、驾乘人员状态监测方案设计、车辆状态监测方案设计等方面。评估设计运行条件时，首先关注其变量定义范围是否清晰、全面；其次，应在自动驾驶系统的应用场景内，评估设计运行条件所框定的更小范围是否合理[6]，如图 4-4 所示。

图4-4　设计运行条件、应用场景和交通区域的关系

以高速公路单车道自动驾驶系统设计为例，其设计运行条件通常被限定在主车道内。在预期功能安全开发和评估中，应充分考虑自动驾驶系统应用场景有关的风险触发条件。具体来看，在道路横向断面方面，不仅需要考虑主车道场景中可能出现的预期功能安全风险触发条件，还需要考虑相邻车道的特定场景（如突发事故、临时施工区域、道路养护车辆作业等）可能对主车产生的干扰，以及对向车道的特定场景可能对主车产生的影响（如因隔离设置高度不足，对向车辆远光灯穿透至主车道造成主车摄像头暴盲）；在道路纵向断面方面，需要论证系统运行区域内可能遇到的行驶路段对主车产生的影响（如临时停车区中临停车辆的开车门风险、起步切入风险，进出隧道视野受限的风险、横风风险，公交车道、潮汐车道的特定通行规则，等等）。

2. 预期功能安全风险接受准则

基于合理定义的设计运行条件，还需要评估自动驾驶系统的行为风险及残余风险，如图 4-5 所示。自动驾驶功能由应用场景中的一系列行为组合实现，如制动行为、转向行为、跟车行为等。在评估系统的预期功能安全水平时，首先，关注车辆的预期/特定行为是否可能导致不合理的安全风险，如过大的制动或转向、过近的跟车距离等；然后，根据预期功能安全危害分析，定义不可接受危害行为的度量参数，即危害行为接受准则；最后，需要在较长的运行里程或时间内，评估累计的危害风险是否处于合理、可接受的水平，即残余风险接受准则。

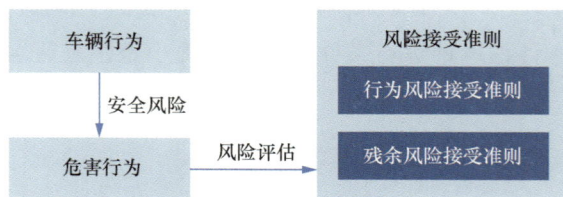

图4-5　风险接受准则

行为风险和残余风险双层接受准则涵盖具体应用场景中车辆行为的评估，以及宏观统计层面的总体风险判断，可有效支持预期功能安全的开发、测试和发布，是预期功能安全评估的关键依据。针对行为风险，需定义可度量的参数进行描述，即第一层接受准则。对于识别出的不满足第一层接受准则的行为事件，应定义残余风险接受准则，即第二层接受准则，以评估残余风险水平是否合理，应不高于目标市场有经验的谨慎驾驶员的安全驾驶水平，宜考虑合理的风险评估原则，如GAMAB原则、正向风险平衡原则、ALARP原则、MEM原则等。

基于以上分析，建立预期功能安全评估准则，示例见表4-1，并基于表4-1开展预期功能安全过程保障的评估。

表4-1　预期功能安全评估准则示例

评估维度	评估准则
设计运行条件	1. 具备逻辑场景描述； 2. 场景变量范围能充分涵盖预期使用； 3. 考虑潜在的自动驾驶系统应用场景有关的风险
行为风险	涵盖可能导致危害的车辆行为度量，如横/纵向运动加速度、跟车距离等

续表

评估维度	评估准则
残余风险	1.说明低于人类驾驶的事故率，如人类驾驶员的事故率为58万公里/次[7]； 2.具备合理的置信度，如80%[8]、95%[9]

4.2.3 功能定义和功能改进过程

自动驾驶功能定义应包含足够的信息，以支持后续危害分析、触发条件分析和测试等。功能定义过程的检查清单示例见表 4-2。

表4-2 功能定义过程的检查清单示例

检查清单	参考示例
功能规范是否定义充分？	至少包含：自动驾驶功能描述、激活和退出条件、设计运行条件、接管条件（如有）、系统架构、组件描述、性能目标（如感知、决策、控制、执行等）、整车安全策略、警告策略、最小风险策略等
已知功能不足、性能局限及对应的触发条件是否定义充分？	1. 感知、决策环节功能不足及性能局限相关触发条件，如天气、光照、特殊形态障碍物、交通参与者异常行为等； 2. 执行环节功能不足及性能局限相关触发条件，如侧风、不良路面条件等； 3. 误用相关触发条件，如人员误触按键/踏板、不及时或不正确接管等

针对预期功能安全的分析和测试过程中发现的功能不足或性能局限，应采取功能改进措施，以降低或消除相关的安全风险。功能改进过程的检查清单示例见表 4-3。

表4-3 功能改进过程的检查清单示例

检查清单	参考示例
对于开发过程中识别的风险，是否采取了功能改进措施？	1.开发过程中识别出的风险项，与功能改进措施进行关联，避免遗漏 2. 对功能改进的版本进行跟踪和测试评估
功能改进措施是否恰当？	可能的功能改进措施： 1. 提高感知、决策、控制和执行模块的性能； 2. 进行合理的功能限制； 3. 进行驾驶权移交； 4. 预防和监督人员误用

续表

检查清单	参考示例
功能限制或驾驶权移交（如有）定义是否合理？	1. 若采用功能限制措施，应考虑功能场景的连贯性和设计运行条件边界的可识别性； 2. 若采用驾驶权移交措施，应考虑人员接管及时性、人员可控性等

4.2.4　危害和触发条件识别过程

应识别与评估潜在功能不足和触发条件引起的危害，并应用功能改进等措施避免不合理的风险。危害分析和风险评估过程的检查清单示例见表 4-4。

表4-4　危害分析和风险评估过程的检查清单示例

检查清单	参考示例
是否系统地识别了自动驾驶功能潜在危害，并定义了明确且可评价的安全指标？	1. 基于自动驾驶功能定义和设计运行条件，开展系统性的危害行为分析，如HAZOP[10]、STPA[11]等； 2. 在危害分析过程中，定义了衡量危害行为的量化安全指标，作为危害行为接受准则的依据
危害清单是否全面？	至少包含： 1. 车辆运动行为类，如非预期加速、非预期减速、非预期侧向运动、非预期失去运动控制等； 2. 人机交互类，如错误的功能提醒、非预期激活、非预期退出等； 3. 接管和误用类，如非预期失去接管能力、失去对人员误用的监管能力等
针对已识别的危害，是否具备明确的接受准则？	1. 危害行为接受准则，针对上述危害行为制定； 2. 残余风险接受准则，针对一定行驶里程或时间内出现的危害行为可能导致的总体残余风险进行评估

基于已识别的危害，进一步分析可能导致危害行为的场景触发条件（包括误用），有针对性地改进自动驾驶系统的功能不足及性能局限。功能不足和触发条件识别与评估过程的检查清单示例见表 4-5。

表4-5　功能不足和触发条件识别与评估过程的检查清单示例

检查清单	参考示例
是否通过系统性方法充分识别了自动驾驶系统潜在的功能不足和触发条件？	1. 基于自动驾驶功能定义和设计运行条件，开展系统性分析； 2. 考虑系统组件的技术局限、算法局限、系统老化影响、环境干扰、内外部接口变化、已知问题和事故、误用等； 3. 除单点功能不足外，对于关键危害，还考虑了合理的多点功能不足的组合，如摄像头和雷达功能不足的组合等

检查清单	参考示例
对于已识别的功能不足和触发条件，是否追溯至要素层面，并给出改进措施？	1. 对于识别出的功能不足和触发条件，给出要素层面的技术分析； 2. 针对要素层面的分析结果，给出技术改进措施
对于误用的分析是否充分？	1. 应考虑导致危害的直接误用和间接误用的影响； 2. 避免误用的措施是否验证有效，如仪表提示的醒目性和可理解性
对于触发条件可接受度的评估是否充分？	1. 验证和确认活动应涵盖已识别的触发条件，并依据接受准则开展评估； 2. 遇到未知触发条件的可能性是否足够低，如开展未知场景评估

4.2.5　验证与确认测试过程

为了全面评估智能网联汽车预期功能安全水平，汽车生产企业应开展科学、有效的自动驾驶预期功能安全验证与确认测试评估，支撑自动驾驶预期功能安全过程保障。面向预期功能安全的测试可与其他方面的安全测试同时进行。验证与确认测试过程中考虑的主要因素应包括测试路线、测试里程及测试关闭条件、目标区域场景的多样性、测试结果等。其中，测试结果包含系统决策过程动态驾驶任务执行性能有关结果（如紧急策略、最小风险策略等）、与其他交通参与者交互通行性能有关结果、合理可预见误用有关结果等。

预期功能安全测试场景集应以自动驾驶功能定义、设计运行条件、预期功能安全危害分析等为基础筛选产生，通常采用基于场景的测试方法[12]开展测试，重点关注典型场景、危险场景的测试，实现对智能网联汽车预期功能安全的测试评估。其中，已知场景测试一般采用基于典型场景、危险场景的模拟仿真测试或封闭场地测试，并建立测试评估指标体系、行为能力评价模型等进行相关场景的量化测试评估；未知场景测试一般采用模拟仿真测试或实际道路测试，通过里程累计满足残余风险评估测试关闭条件来评价，除需要测试里程满足要求外，测试道路场景的多样性也需要满足相关要求。

4.2.6　发布和运行监测过程

在充分识别危害和触发条件，并完成产品验证与确认测试后，可进入预期功能安全发布的论证环节。预期功能安全发布过程的检查清单示例见表4-6。

表4-6　预期功能安全发布过程的检查清单示例

检查清单	参考示例
预期功能安全发布的论证是否充分？	1. 充分识别潜在风险，并制定合理、明确的接受准则； 2. 充分识别潜在功能不足和触发条件，采取有效的针对性改进措施； 3. 验证和确认测试能充分涵盖设计运行条件，功能降级和接管过程无不合理风险； 4. 已知危害行为风险和总体残余风险符合接受准则； 5. 具备运行监测措施，能有效识别和控制智能网联汽车运行风险

车辆上路运行后，需建立有效的智能网联汽车运行监测措施。车端监测数据是识别运行风险的基础，需要考虑监测数据的全面性和合规性。运行监测数据采集清单示例见表4-7。

表4-7　运行监测数据采集清单示例

数据类别	数据示例
信息类	累计行驶时间、累计行驶里程、车辆识别码、系统和软件版本等
运行数据类	感知目标参数、高精度定位信息（如果有）、车辆横/纵向运动参数、自动驾驶功能接口指令等
人员类	驾驶员监测系统状态和结果，转向盘、踏板、排档、按键、安全带、车门等人员操作输入，人机交互系统状态等
事故类	碰撞信号、紧急风险行为触发信号等
异常类	车辆故障码、接管、功能降级等

基于监测数据，对上路运行后的智能网联汽车进行统一管理。对于识别出的不合理风险，可以通过软件升级等方式予以改进，持续保障产品安全。运行监测过程中考虑的因素重点包含运行监测手段、预期功能安全风险应急处理机制、操作人员指导、人员误用探测及纠错手段、预期功能安全迭代开发等。

4.2.7　小结

4.2 节在国内外智能网联汽车预期功能安全研究与实践的基础上，从第三方视角出发，提出了一套自动驾驶汽车预期功能安全过程保障评估方法，从预期功能安全评估准则、功能定义和功能改进过程、危害和触发条件识别过程、发布和运行监测过程等方面明确了对产品预期功能安全过程保障评估的检查清单，提出了预期功能安全验证与确认测试的评估方法。4.2 节的研究成果有助于促进预期功能安全技术在行业的落地实践，并为智能网联汽车自动驾驶安全综合评估提供参考。

4.3　网络安全和数据安全过程保障评估

欧盟、美国、日本等地区和国家均将网络安全和数据安全作为汽车安全监管的重点。UN/WP.29 GRVA[13] 制定了汽车网络安全型式批准法规，明确规定了汽车生产企业及整车产品需要满足的网络安全要求。欧盟[14] 出台了数据保护条例，旨在通过立法保护汽车用户数据安全和个人隐私。美国发布了自动驾驶政策 4.0（AV4.0）[4]，明确了网络安全的重要性，并要求确保隐私和数据安全。日本国土交通省[15] 发布了自动驾驶汽车安全技术指南，提出应考量自动驾驶系统的网络安全功能。汽车网络安全和数据安全相关的标准也在逐步制定和完善。德国汽车工业协会（Verband der Automobilindustrie，VDA）下设的信息安全委员会[16] 研究制定了信息安全评估（Information Security Assessment，ISA）标准，即 VDA-ISA 标准，提出了智能网联汽车的信息安全评估流程。ISO 与 SAE 联合制定了网络安全标准 ISO/SAE 21434: 2021，针对车辆及其部件、接口等提出了网络安全风险管理的要求。随后，ISO 发布了技术规范 ISO/PAS 5112: 2022，紧密衔接 ISO/SAE 21434: 2021 标准的相关要求，并支撑指导其在组织层面的审核工作。

我国高度重视智能网联汽车的网络安全和数据安全管理工作，先后制定发布了网络安全和数据安全相关法律法规[17-19]，为智能网联汽车的网络安全和数据安全管理提供了上位法依据。2021 年 7 月，工业和信息化部印发《关于加强智能网联汽车生产企业及产品准入管理的意见》，要求加强汽车数据安全、网络安全、软件升级、功能安全和预期功能安全管理，保证汽车产品安全和生产一致性。2021 年 7 月，国家互联网信息办公室、国家发展和改革委员会、工业和信息化部、公安部、交通运输部联合发布《汽车数据安全管理若干规定（试行）》，并于 2021 年 10 月 1 日起施行。2022 年 2 月，工业和信息化部发布《车联网网络安全和数据安全标准体系建设指南》，旨在加强车联网（智能网联汽车）网络安全标准化工作顶层设计，汽车网络安全和数据安全相关国家标准正在研究制定中。

4.3.1 网络安全和数据安全生命周期

　　针对智能网联汽车产品，应建立、实施和维护网络安全过程保障体系来保障汽车产品的网络安全。智能网联汽车网络安全生命周期分为概念阶段，开发阶段，以及生产、运维、报废等后开发阶段。在概念阶段，应定义相关项，开展危害分析和风险评估；明确网络安全目标和网络安全声明，并对网络安全目标进行验证；明确网络安全概念，并对网络安全概念进行验证。在开发阶段，定义网络安全规范，验证其是否符合更高层级的网络安全规范；识别组件的安全缺陷，验证组件的开发和集成结果是否符合网络安全规范。在生产阶段，从网络安全的角度决定是否可以发布产品或组件以进行后续开发；生产过程中涉及后续开发的，应符合网络安全要求；明确并实施针对网络安全事件的响应措施。在运维阶段，在相关项或组件更新期间和之后均能保障网络安全，直至其网络安全支持结束。在报废阶段，传达网络安全支持的结束，使网络安全相关项和组件能够报废。

　　同样，针对智能网联汽车产品，还应建立、实施和维护数据安全过程保障体系来保障汽车产品的数据安全。智能网联汽车数据安全生命周期分为概念阶段，开发阶段，以及生产、运维、报废等后开发阶段。在概念阶段，应识别数据资产，对数据进行分类分级，开展数据安全风险评估；明确数据安全目标和数据安全声明，规范采集、传输、存储、使用、共享、销毁以及备份和恢复等活动，并对数据安全目标进行验证；明确数据安全概念，并对数据安全概念进行验证。在开发阶段，定义数据安全规范，验证其是否符合更高层级的数据安全规范；识别组件的安全缺陷，验证组件的开发和集成结果是否符合数据安全规范。在生产阶段，从数据安全的角度决定是否可以发布产品或组件以进行后续开发；生产过程中涉及后续开发的，应符合数据安全要求；明确并实施针对数据安全事件的响应措施。在运维阶段，在相关项或组件更新期间和之后均能保障数据安全，直至其数据安全支持结束。在报废阶段，传达数据安全支持的结束，使与数据安全相关的数据能够被销毁。

4.3.2　总体研究思路

根据网络安全和数据安全过程保障要求，网络安全和数据安全过程保障评估主要围绕概念阶段、开发阶段和后开发阶段展开，评估总体框架如图4-6所示。

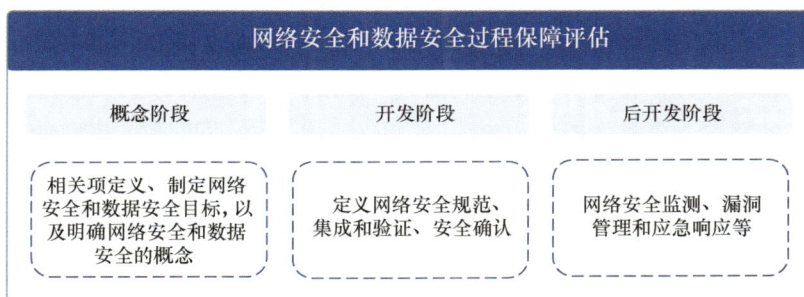

图4-6　网络安全和数据安全过程保障评估总体框架

网络安全和数据安全过程保障需融入汽车产品的生命周期。过程保障评估是指通过对汽车产品生命周期中概念、开发、生产、运维和报废阶段实施安全保障的客观证据进行审核，以确定安全过程保障持续符合相关法规、技术标准以及企业的安全管理规范的要求，检查汽车产品生命周期中安全目标的实现程度。

对智能网联汽车产品过程保障进行审核，应首先对相关项和组件的安全情况进行评估，收集客观证据验证产品开发流程中是否采取网络安全和数据安全保障措施。评估需关注相关项或组件的安全情况，主要包括企业在产品生命周期中网络安全和数据安全管理体系的落实情况、管理流程中安全计划的可行性、安全计划中各活动的开展情况及工作成果的客观性、安全活动形成的安全档案及结果的真实性等。

4.3.3 概念阶段

在自动驾驶汽车产品生命周期的概念阶段，基于企业概念阶段的管理制度和流程，根据网络安全和数据安全风险评估结果，制定产品安全目标，设计安全架构和功能。网络安全风险评估应包括相关项定义、资产识别、威胁场景识别、影响评级、攻击路径分析、攻击可行性定级、风险等级评估、风险处置措施、供应商风险管理等。数据安全风险评估应包括数据分类分级、风险识别、风险分析、风险评估、风险处置等。在网络安全和数据安全目标制定方面，针对减少风险的风险处置措施，应制定一个或多个相应的安全目标，安全目标应与风险处置措施保持一致。在网络安全和数据安全声明制定方面，针对分担风险或保留风险的风险处置措施，应发布一个或多个相应的安全声明，安全声明应与风险处置措施保持一致。在安全架构和功能设计方面，基于安全控制措施，制定网络安全和数据安全需求以及对运行环境的需求，并将需求分配给相应的组件或零部件，同时需验证、确认网络安全和数据安全需求与目标的完整性、正确性和一致性，以及与声明的一致性。

在概念阶段，重点评估企业在产品过程保障中是否遵循了网络安全和数据安全管理体系要求，规范实施了网络安全危害分析和风险评估、数据安全风险评估等工作，并形成了符合法规标准要求的工作成果，包括安全目标、安全声明、安全概念、风险处置措施等文件记录。

在网络安全方面，评估时需关注基于产品的相关项定义结果、网络安全威胁分析和风险评估结果、网络安全目标、网络安全声明、网络安全概念和网络安全技术规范等工作成果的完整性、有效性和合理性。在数据安全方面，评估时需关注数据安全风险评估结果、数据资产识别清单、车型数据资产管理台账、数据安全目标、数据安全声明、数据安全概念以及数据安全技术规范等工作成果的完整性、有效性和合理性。

4.3.4 开发阶段

在开发阶段，企业应采取网络安全和数据安全风险防范应对处置措施，满足整车网络安全和数据安全的目标和要求等，具体包括：开展产品的组件级和子组件级网络安全和数据安全设计，定义网络安全和数据安全规范，验证网络安全和数据安全规范，识别组件的弱点，证明实施和集成结果符合网络安全和数据安全规范，并开展网络安全和数据安全的验证与确认。

定义网络安全和数据安全规范时，需考虑对后开发阶段网络安全和数据安全的影响，如密钥库的安全管理、停用调试接口、删除个人身份信息的程序等，识别满足网络安全和数据安全需求相关的配置和校准参数，如集成硬件安全模块的正确配置等。应采用已确立且可信的设计和实施原则，以避免或尽量减少引入风险点。应验证网络安全和数据安全规范的完整性、正确性以及与更高层级抽象架构的网络安全和数据安全规范的一致性。

集成与验证活动应验证组件是否执行和集成符合定义的网络安全和数据安全规范，验证方法包括基于需求的测试、接口测试、资源使用评估、控制流和数据流的测试、动态分析、静态分析等。如果采用测试方法进行验证，应使用定义的测试覆盖率度量标准来评估测试覆盖率，以确定测试的充分性。应执行测试以确认组件中剩余的未识别漏洞已最小化，测试方法包括功能测试、漏洞扫描、模糊测试、渗透测试等。确认活动应考虑量产配置状态下，网络安全和数据安全目标是否已实现及实现的充分性、网络安全和数据安全声明的有效性、操作环境要求的有效性等。

在开发阶段，重点评估在产品过程保障中基于网络安全和数据安全的管理流程，定义网络安全和数据安全规范，处理或管理已识别的风险，与供应商制定网络安全和数据安全接口协议；开展产品的网络安全和数据安全测试验证，工作成果符合流程中对应的模板、评审记录等要求，并能够提供产品的网络安全和数据安全测试验证与确认活动的证明（包括测试指标、测试方法、测试环境、测试结果等），证明已有效处置所有已识别的安全风险，并实现整车网络安全和数据安全的目标和要求等。

4.3.5　后开发阶段

在后开发阶段，企业用于存储数据和执行售后软件、服务、应用程序的专用网络环境应持续具有网络安全和数据安全保障能力，对网络安全和数据安全事件按照应急响应及处理方法进行处置，有效避免网络安全和数据安全事件或漏洞引起的重大损失，并提供数据取证以便分析网络攻击、无意识行为等引发的对车辆的威胁；按照漏洞管理办法对漏洞进行安全处置；验证数据匿名化等符合性。

在生产阶段，评估时需关注网络安全与数据安全控制计划的可行性、网络安全和数据安全后开发报告的真实性，以及生产部门落实安全计划的情况。

在运维阶段，评估时需关注企业及相关部门是否落实了网络安全与数据安全监测与响应管理办法，针对网络安全与数据安全突发事件是否采取了有效的处置措施，并形成了真实的事件记录和分析报告。针对漏洞管理，需关注企业是否落实了漏洞管理机制，在产品生命周期过程中真实记录、分析并处置了已知漏洞。针对数据使用，需关注企业对于重要数据和个人信息的收集、存储、传输、使用等是否按照法规和技术标准要求执行，对产品的重要参数是否实施了严格管控，以防止内部数据泄露。

此外，还需关注企业是否制定了有效的网络安全服务终止和技术支持停止的管理流程，并在停止产品网络安全支持时按流程向用户发出公告。针对重要数据和个人信息，需关注企业是否制定了数据销毁流程，并落实了数据销毁工作。

4.3.6　小结

4.3节从第三方视角出发，以自动驾驶汽车为研究对象，提出了一套自动驾驶汽车产品网络安全和数据安全过程保障评估方法，分别从概念阶段、开发阶段、后开发阶段等方面开展具体的评估方法研究，旨在为系统、科学地评估智能网联汽车的安全性提供参考。随着车辆的智能化、网联化发展和自动驾驶技术的迭代更新，智能网联汽车的数据资产不断增加，新的威胁、漏洞、攻击方法也会不断出现，针对智能网联汽车网络安全和数据安全的过程保障评估方法需要持续更新、完善，以更好地适应产业发展和满足行业管理需要。

参考文献

[1] ABDULAZIM A, ELBAHAEY M, MOHAMED A. Putting Safety of Intended

Functionality SOTIF into Practice [C]. SAE WCX Digital Summit, 2021.

[2] ZHOU H, LI X, HE X, et al. Research on safety of the intended functionality of automobile AEB perception system in typical dangerous scenarios of two-wheelers [J]. Accident Analysis & Prevention, 2022, 173: 106709.

[3] National Highway Traffic Safety Administration. Safety of the intended functionality of lane centering and lane changing maneuvers of a generic level 3 highway chauffeur system [R]. United States: National Highway Traffic Safety Administration, 2020.

[4] National Highway Traffic Safety Administration. Ensuring American Leadership in Automated Vehicle Technologies: Automated Vehicles 4.0 [Z]. United States: National Highway Traffic Safety Administration, 2020.

[5] 工业和信息化部. 关于加强智能网联汽车生产企业及产品准入管理的意见 [Z]. 北京: 工业和信息化部, 2021.

[6] International Organization for Standardization. ISO/TS 5083: 2022 Road Vehicles—Safety and Cybersecurity for Automated Driving Design, Verification and Validation [S]. Geneva: International Organization for Standardization, 2022.

[7] National Highway Traffic Safety Administration. Traffic safety facts 2019 [R]. United States: National Highway Traffic Safety Administration, 2021.

[8] ZHAO D, HUANG X, PENG H. Accelerated evaluation of automated vehicles in car-following maneuvers [J]. IEEE Transactions on Intelligent Transportation Systems, 2017, 19(3): 733-744.

[9] International Organization for Standardization. ISO 26262: 2018 Road Vehicles—Functional Safety [S]. Geneva: International Organization for Standardization, 2018.

[10] Society of Automotive Engineers. SAE J2980: 2015 Considerations for ISO 26262 ASIL Hazard Classification [S]. Warrendale: Society of Automotive Engineers, 2015.

[11] Society of Automotive Engineers. SAE J3187: 2022 System Theoretic Process Analysis (STPA) Recommended Practices for Evaluation of Automotive Related Safety—Critical Systems [S]. Warrendale: Society of Automotive Engineers, 2022.

[12] 刘法旺, 曹建永, 张志强, 等. 基于场景的智能网联汽车"三支柱"安全测试评估方法研究 [J]. 汽车工程学报, 2023, 13(1): 1-7.

[13] Economic Commission for Europe. UN Regulation No.155: Uniform Provisions Concerning the Approval of Vehicles with Regard to Cyber Security and Cyber Security Management System [Z]. United Nations: Economic Commission for Europe, 2021.

[14] European Commission. Regulation (EU) 2016/679 of the European Parliament and of the Council of 27 April 2016 on the Protection of Natural Persons with Regard to the Processing of Personal Data and on the Free Movement of such Data, and Repealing Directive 95/46/EC (General Data Protection Regulation) [Z]. Europe: European Commission, 2016.

[15] 日本国土交通省. 自动驾驶汽车安全技术指南 [Z]. 日本: 日本国土交通省, 2018.

[16] Verband der Automobilindustrie. VDA-ISA 5.1: 2022 Verband der Automobilindustrie:

Information Security Assessment [S]. Berlin: Verband der Automobilindustrie, 2022.

[17] 全国人民代表大会常务委员会. 中华人民共和国网络安全法 [Z]. 北京: 全国人民代表大会常务委员会, 2016.

[18] 全国人民代表大会常务委员会. 中华人民共和国数据安全法 [Z]. 北京: 全国人民代表大会常务委员会, 2021.

[19] 全国人民代表大会常务委员会. 中华人民共和国个人信息保护法 [Z]. 北京: 全国人民代表大会常务委员会, 2021.

第 5 章

自动驾驶汽车测试评估方法

　　自动驾驶是一项高度复杂的系统任务，单纯基于里程的实车测试难以解决智能网联汽车面临的交通环境的复杂性难题以及安全事件的偶发性难题，且在测试效率、测试成本等方面也难以适应自动驾驶汽车测试评估需求的发展。本章综合采用基于场景的测试（模拟仿真测试、封闭场地测试、实际道路测试）、软件升级测试、数据记录测试、网络安全和数据安全测试等方法，提出一套较为系统、全面验证自动驾驶汽车安全的测试评估方案，并对相关测试评估方法进行研究分析。

5.1　基于场景的测试

　　鉴于自动驾驶系统和交通环境的复杂性以及安全事件的偶发性，自动驾驶系统需要安全、可靠地处理由外界和自身变化带来的多种不确定性，才能有效保障智能网联汽车的行驶安全。这就需要对自动驾驶系统的设计运行条件及安全边界、最小风险策略等开展全面的测试验证工作。由于这些新特点和新要求，针对智能网联汽车安全性、可靠性的测试验证必须在高维、复杂的设计运行条件下进行，基于场景的智能网联汽车安全测试评估方法成了国内外相关机构和学者的研究热点。

　　SePIA(Scenario–based Platform for the Inspection of Automated Driving Functions)[1]和 PEGASUS(Project for the Establishment of Generally Accepted Quality Criteria，Tools and Methods as well as Scenarios and Situations for the Release of Highly–Automated Driving Functions)[2] 相关研究项目为自动驾驶系统测试评估提供了场景库搭建的理论框架和实践参考。STELLET[3] 和 PIERSON[4] 的研究成果表明，自动驾驶测试场景的选择可以借由系统功能分析、专家经验和风险评估等方法开展。BATSCH[5] 的研究成果表明，在选择自动驾驶测试场景时，必须关注自动驾驶系统的挑战性场景（如关键交通场景）和环境影响等。GELDER 等 [6] 提出了一种基于蒙特卡洛方法生成自动驾驶测试用例的方法，该方法以自然驾驶数据为输入，可生成与实际情况高度相似的测试用例。

　　OICA[7] 提出了包含模拟仿真测试、封闭场地测试和实际道路测试的自动驾驶“三支柱”测试验证方法。UN/WP.29 VMAD 非正式工作组 [8] 将模拟仿真测试、封闭场地测试和实际道路测试 3 种测试方法视为自动驾驶安全测试评估方法的重要手段，并获得了行业的广泛认可。我国的工业和信息化部[9]也在持续推进智能网联汽车准入管理研究，明确提出了对智能网联汽车模拟仿真测试、封闭场地测试和实际道路测试的要求。

上述工作为基于场景的自动驾驶安全测试评估提供了重要参考，但在实际工作中还需要从可操作性的角度深入研究，提出科学、实用的测试方案，既适应自动驾驶技术的快速发展，又满足智能网联汽车的安全测试评估需要。

本节在汽车生产企业研发测试的基础上，从第三方视角出发，以自动驾驶汽车为研究对象，聚焦模拟仿真测试、封闭场地测试和实际道路测试 3 种测试方法的定位及关系，提出一套基于场景的自动驾驶汽车安全测试评估方法，重点针对测试评估框架、测试环境构建、测试评估流程等方面开展研究，为系统、科学地测试评估智能网联汽车的自动驾驶安全性提供参考。然后，分别对测试场景和场景库构建，以及模拟仿真测试、封闭场地测试与实际道路测试的方法展开研究。

5.1.1　基于场景的测试方法

1. 总体研究思路

为了对自动驾驶汽车安全性开展科学、有效的测试评估，基于自动驾驶功能的定义、设计运行条件以及安全目标分析，给出标称场景、危险场景和边缘场景，如图 5-1（a）所示，并采用基于场景的测试方法进行验证。

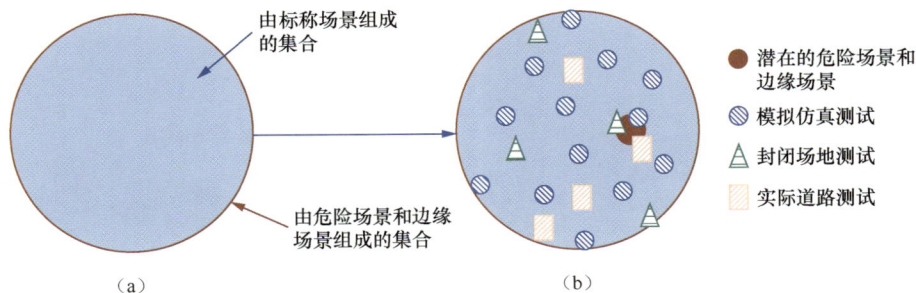

图5-1　基于场景的测试方法的安全测试目标分解

基于场景的测试方法是实现自动驾驶汽车安全测试评估的重要方法，按照测试手段的不同，可以分为模拟仿真测试、封闭场地测试和实际道路测试。模拟仿真测试通过建立仿真场景和模型对自动驾驶系统进行测试评估[10]，通过发现危险场景和边缘场景支撑封闭场地测试和实际道路测试；封闭场地测试通过在封闭测试场内搭建典型场景对自动驾驶系统进行测试评估[11]，不仅对模拟仿真测试进行验证，同时支撑实际道路测试的开展；实际道路测试在真实道路交通环境中通过随机交通场景对自动驾驶系统进行测试评估[12]，同时发现车辆在实际道路行驶中的危险场景和边缘场景。

针对产品的安全目标，为保障自动驾驶汽车的安全性得到科学、充分的测试评估，因此开展模拟仿真测试、封闭场地测试和实际道路测试，如图 5-1（b）所示。其中，模拟仿真测试可基于自动驾驶功能和设计运行条件的安全分析，生成充分、合理的随机场景，通过模拟仿真发现自动驾驶系统的潜在危险场景和边缘场景，如图 5-1（b）中的实心圆所示；封闭场地测试主要针对典型场景、安全分析过程中发现的存在安全风险的场景，以及模拟仿真测试发现的危险场景和边缘场景，在封闭试验场内进行实车测试验证；实际道路测试基于对测试里程、时长以及设计运行条件等要素的充分覆盖，进行真实随机交通流下的实车测试，并给出危险场景和边缘场景评估。3 种测试方法相互融合、补充和验证，支撑实现对自动驾驶汽车安全性的综合测试评估。

2. 测试评估框架

基于场景的自动驾驶汽车安全测试评估可以分为测试对象及输入、安全分析、测试环境构建、测试实施、评估 5 个阶段开展，其框架如图 5-2 所示。

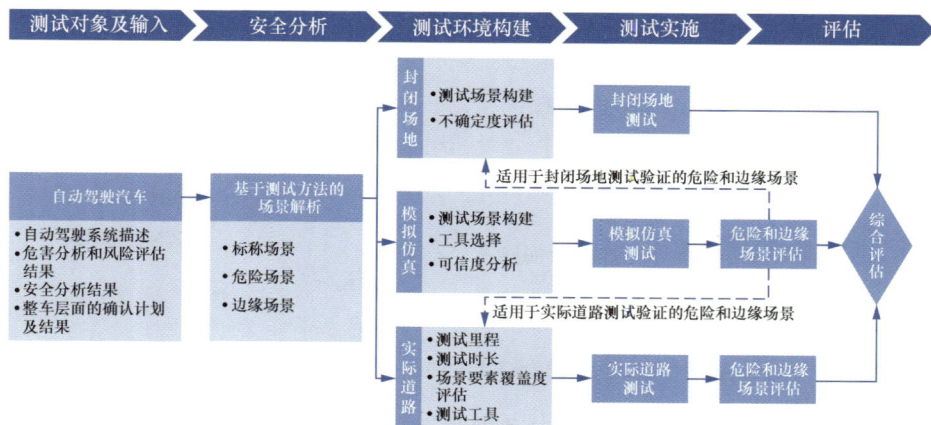

图5-2　基于场景的测试方法的测试评估框架

总体来看，基于场景的测试方法针对测试对象及相应的测试评估输入开展安全分析，评估解析出产品的安全风险区域，并重点对此进行模拟仿真测试、封闭场地测试及实际道路测试，最后根据测试结果以及产品安全目标和接受准则，对智能网联汽车安全性做出综合评估。

3. 测试对象及输入

智能网联汽车通过自动驾驶系统执行动态驾驶任务，因此，从整车角度评估自动驾驶系统的安全性是评估智能网联汽车自动驾驶安全的关键。基于场景的测试方法的测试对象为自动驾驶汽车（如图 5-3 所示），重点通过对车辆的自动驾驶系统开展测试来综合评估智能网联汽车的安全性。

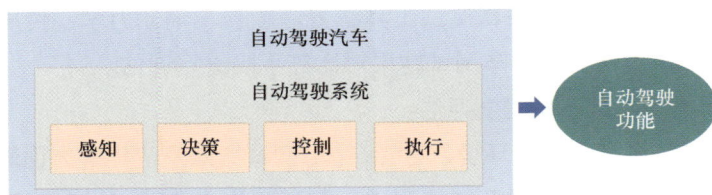

图5-3　基于场景的测试方法的测试对象

开展测试之前，应对智能网联汽车自动驾驶功能的定义及其设计运行条件、安全目标、潜在安全风险以及已开展的研发测试活动等信息进行系统梳理，重点针对自动驾驶技术要求、功能安全、预期功能安全等相关要求[13-14]，提炼形成智能网联汽车自动驾驶安全测试评估的关键输入。

（1）自动驾驶系统描述，主要包括功能定义、设计运行条件清单、接口、内部包含的子要素、外部关联要素和系统布局等信息，用以明确被测车辆所具备的自动驾驶功能，分析车辆的安全运行范围，制定测试方案。

（2）危害分析和风险评估结果，主要包括安全目标、整车层面危害、危害行为的风险评估和接受准则等信息，用以为后续测试明确安全目标、评估整车危害。

（3）安全分析结果，主要包括自动驾驶系统与车辆其他系统的交互可能导致的潜在安全风险及应对的安全措施，功能异常表现引起的整车安全风险及对应的安全措施有效性，系统层级要素的潜在安全相关失效模式和失效后果，以及已识别出的潜在规范定义不足、性能局限和触发条件等信息，用以为后续测试场景的设计提供潜在风险要素，确定可能触发系统潜在危害行为的系统边界。

（4）整车层面的确认计划及结果，主要包括确认目的、确认结果测试方法、测试场景和测试设备等信息，用以对企业已开展的确认活动进行清晰的描述，为后续测试工作提供参考。

4. 测试环境构建

（1）测试方法分析

① 模拟仿真测试可信度评估。

以车辆建模、环境模拟和数值计算为核心的模拟仿真测试需要通过选择合适的仿真工具链实现。由于仿真工具、车辆模型和环境模拟的准确性问题，模拟仿真测试结果与现实结果存在一定的差异，需要对模拟仿真测试进行可信度评估，应至少通过使用模拟仿真测试工具链置信度和车辆动力学、传感器等模型可信度，以及模拟仿真与实车测试结果对比等手段进行评估。

② 封闭场地测试不确定度评估。

封闭场地测试是在测试环境、测试设备、测试方法及流程等方面较为可控的封闭试验场内以实车的方式开展的测试。测试实施主体可以针对相对可控的因素，按照相对统一的标准和要求施加必要的约束，从而保障封闭场地测试结果的一致性、准确性和可追溯性。

在测试环境方面，重点针对应用场景中的天气、光照、风速等自然环境要素，以及平整度、弯道半径、摩擦系数、交通基础设施等场地要素，评估其一致性。在测试设备方面，主要针对不同设备类型的定位精度、控制精度、目标物的拟真度、数据采集精度和频率等，评估其一致性。在测试方法及流程方面，可以基于行业实践，提出形成覆盖封闭场地测试全过程的科学、规范、一致的测试方法与流程。

③ 实际道路测试与 ODC 要素匹配性评估。

影响实际道路测试结果有效性的主要因素是所选测试道路的场景要素覆盖度，因此，测试道路应该充分覆盖被测车辆的 ODC 要素。为了实现对自动驾驶系统安全性的充分、有效测试，测试道路选择应满足相应的匹配需求[15-16]。

在实际测试过程中，可以通过对实际道路中存在的场景要素进行分析，得出实际道路要素集，并与被测车辆设计运行条件中所描述的要素集进行对比。若对比结果满足要求，则说明道路选择能够满足实际道路测试需求，反之则需重新选择测试道路。

（2）测试场景构建

① 模拟仿真测试场景。

模拟仿真测试场景的要素包括交通环境参数、测试车辆基础信息参数和交通参与者的状态。测试场景的构建，首先，要根据车辆设计开发的过程文件（包括智能网联汽车的自动驾驶功能定义、设计运行条件等），输出交通环境参数、测试车辆基础信息参数和交通参与者的状态。其中，交通环境参数包括光照环境（时间、天气、光线变化等）、标志标线参数（车道线清晰度、车道线完整度、车道线数量和颜色、交通标志和路面标志等）、道路参数（道路曲率、坡度、路边设施等）等；测试车辆基础信息参数包括车辆基础属性、车辆运动状态信息、车辆驾驶任务信息、传感器信息等；交通参与者的状态包括其他车辆和行人等的状态信息、交通信号灯的状态信息、障碍物等静止物体的信息等。其次，根据输出的参数信息，通过分析安全目标、整车层面危害、危害行为的风险评估和接受准则，制定仿真场景测试触发条件、仿真场景测试通过条件，以及判别危险场景与边缘场景的条件[17]。最后，结合场景信息变化范围，赋予场景合理的参数取值空间，并通过场景要素的组合，满足场景覆盖度要求，形成测试场景集。

② 封闭场地测试场景。

对于智能网联汽车封闭场地测试，目前行业内已经基于自然驾驶数据、专家经验等形成了一定程度上代表我国真实交通状况的典型场景，具体包括交通信号识别与响应、行人与非机动车识别与响应、周边车辆行驶状态识别与响应等信息。典型场景下的产品安全是对智能网联汽车安全的基本要求，封闭场地测试需要对典型场景进行充分、有效的覆盖。

对于智能网联汽车在危险场景和边缘场景下的封闭场地测试，需要基于车辆安全分析和模拟仿真测试结果及其接受准则，结合封闭场地的道路与基础设施条件、测试设备和不确定度等信息，对测试场景的典型性、合理性和可实施性进行评估，筛选出在封闭场地中可以实施且能够保障测试结果准确、可追溯的代表性场景集作为封闭场地测试的场景输入，实现对基于自然驾驶数据、专家经验等形成的典型场景集的有效补充。

③ 实际道路测试场景。

实际道路测试重点关注的是实际交通场景下设计运行条件要素覆盖度、车辆动态驾驶任务执行情况、交通规则符合性等，并结合设计运行条件、模拟仿真测试与封闭场地测试等需求综合选择测试道路，保障实际道路测试的可靠性、充分性。

在综合分析的基础上，选择高匹配度的测试道路，通过有效测试里程或时长，保障设计运行条件要素的覆盖度。其中，有效测试里程或时长是保障场景匹配的关键指标之一，需要结合模拟仿真测试可信度、模拟仿真测试风险点、封闭场地测试无法构建的仿真风险点场景、被测车辆设计运行条件的特殊要素等关键影响要素进行必要的调整。

5. 测试评估流程

基于场景的测试方法的测试评估流程以安全分析输入的测试场景为基础，开展模拟仿真测试、封闭场地测试和实际道路测试，如图 5-4 所示。

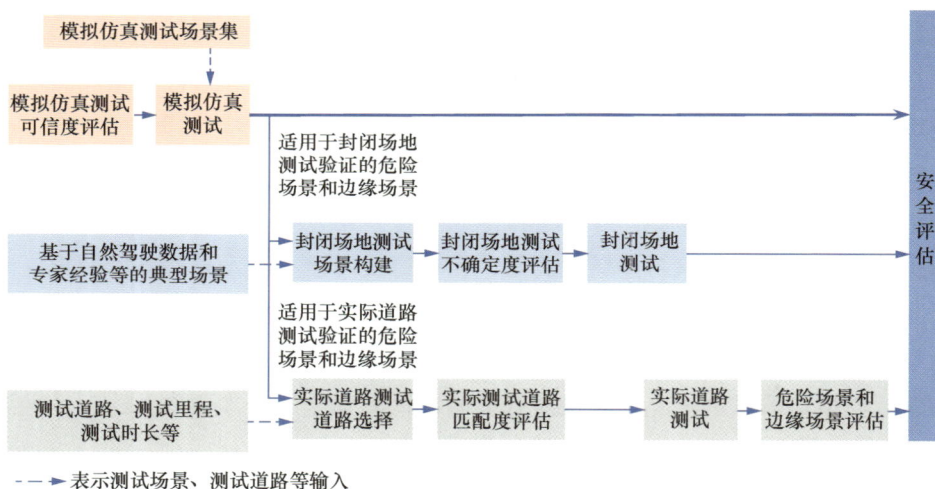

图5-4　基于场景的测试方法的测试评估流程

模拟仿真测试以高可信度的仿真工具链为支撑，发挥其在测试执行效率、灵活度、成本等方面的优势，对自动驾驶系统开展高覆盖度的场景测试，以评估智能网联汽车的安全性，并基于测试结果识别出自动驾驶系统存在潜在风险的危险场景和边缘场景，作为封闭场地测试和实际道路测试的重要场景输入；封闭场地测试根据其测试场景需求开展场景构建、不确定性评估及相应的测试工作，通过单一场景测试、组合场景测试等方式在可控的环境下对自动驾驶系统的实车表现和模拟仿真测试的可信度进行评估；实际道路测试则针对期望覆盖的场景要素集合，重点围绕测试道路选择、测试时长、测试里程等要素制定有针对性的测试方案，并开展相关测试工作，以评估智能网联汽车在真实随机交通场景中的产品安全性。

最后，在模拟仿真测试、封闭场地测试和实际道路测试3种测试的结果基础上，结合各测试方法的特点及其在测试评估体系中的定位，重点针对设计运行条件下的动态驾驶任务执行、接管、最小风险策略、人机交互等要求的测试结果开展综合评估，着力提高测试评估的科学性、系统性和有效性。

6. 小结

5.1.1 小节系统调研了国内外智能网联汽车安全测试评估的研究及实践进展，梳理并提出了基于场景的自动驾驶汽车安全测试评估方法。5.1.1 小节针对车辆自动驾驶功能、设计运行条件等关键要素，遴选测试场景和测试工具，融合模拟仿真测试、封闭场地测试和实际道路测试的优势，对标称场景、危险场景、边缘场景等多种场景下的自动驾驶汽车安全性、交通规则符合性等进行了综合测试评估，在有效验证自动驾驶汽车安全性的同时，努力提高测试评估的针对性及工作效率。

5.1.2　测试场景与场景库

场景在智能网联汽车安全测试评估中扮演着重要角色，是开展自动驾驶汽车安全测试评估的重要前提。UN/WP.29 VMAD 非正式工作组研究提出了"多支柱"测试评估方法，明确指出充分、合理的场景是自动驾驶安全测试评估的关键，并下设场景子工作组 [8]，重点解决基于场景的安全验证问题。ISO 自动驾驶测试场景工作组 [18-22] 重点研究解决自动驾驶测试场景有关的术语定义、基于场景的安全评估框架、设计运行范围、场景分类、场景评价等问题。自动化及测量系统标准协会（Association for Standardization of Automation and Measuring Systems，ASAM）[23] 提出了 OpenX 场景数据格式标准，以解决测试场景数据接口、格式等不统一的问题。德国 PEGASUS 项目 [24] 研究按不同抽象级别对场景进行分类描述，其中功能场景采用自然语言进行描述；逻辑场景基于功能场景中确定的要素，定义要素的参数及参数范围；具体场景则为要素选择具体的参数值。

本小节基于国内外智能网联汽车自动驾驶测试场景和场景库研究及相关实践，结合我国智能网联汽车安全管理需求和道路运行特点，提出自动驾驶汽车测试场景库的基本框架，重点研究测试场景和场景库构建方法以及场景库管理方法，并针对特定应用场景开展测试场景和场景库构建实践。本小节的研究将为建立应用于智能网联汽车安全管理的标准、统一、可拓展的测试场景库管理平台奠定基础。

1. 测试场景与场景库构建

面向智能网联汽车安全测试评估的测试场景库总体框架如图5-5所示。测试场景库应确保足够的场景覆盖，包括基础功能场景、ODC识别与响应场景、行驶安全场景、失效与功能不足场景等，覆盖充分、合理的标称场景、危险场景和边缘场景。一方面，由技术服务机构、汽车生产企业、供应商等生态相关方依据标准化的场景构建方法联合共建；另一方面，基于行业管理机构监测收集的智能网联汽车道路测试、上路通行等过程中的安全事件数据，识别有价值的新场景，持续迭代更新。在实际应用过程中，基于自动驾驶系统的功能定义及设计运行条件进行场景筛选和场景泛化，得到具体测试场景集，应用于自动驾驶安全测试评估，为智能网联汽车安全管理提供支撑。

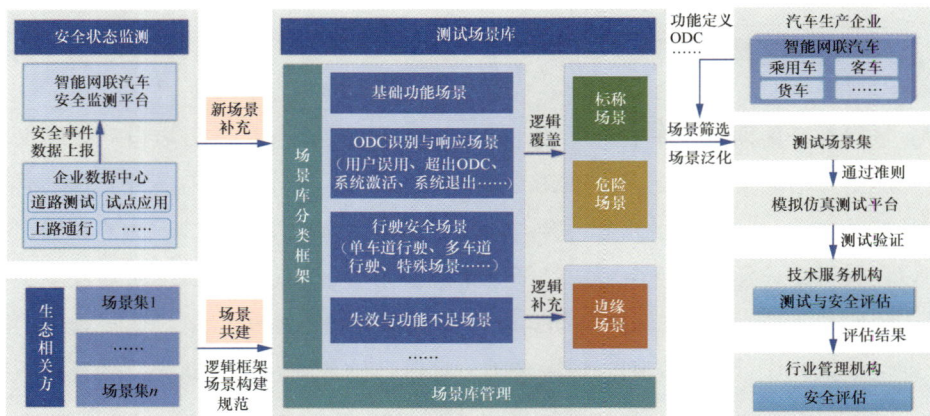

图5-5　面向智能网联汽车安全测试评估的测试场景库总体框架

在充分借鉴国内外测试场景库构建方法的基础上[25-26]，提出基于多源异构数据、设计运行条件和行为要素分析的测试场景库构建方法。如图5-6所示，测试场景库中场景的构建采用功能场景和逻辑场景两个抽象层级：采用知识驱动和数据驱动相结合的方法，将多源异构数据转化为由设计运行条件和行为要素组成的功能场景，在此基础上扩充场景要素参数、参数取值范围和概率分布等指标，形成逻辑场景。

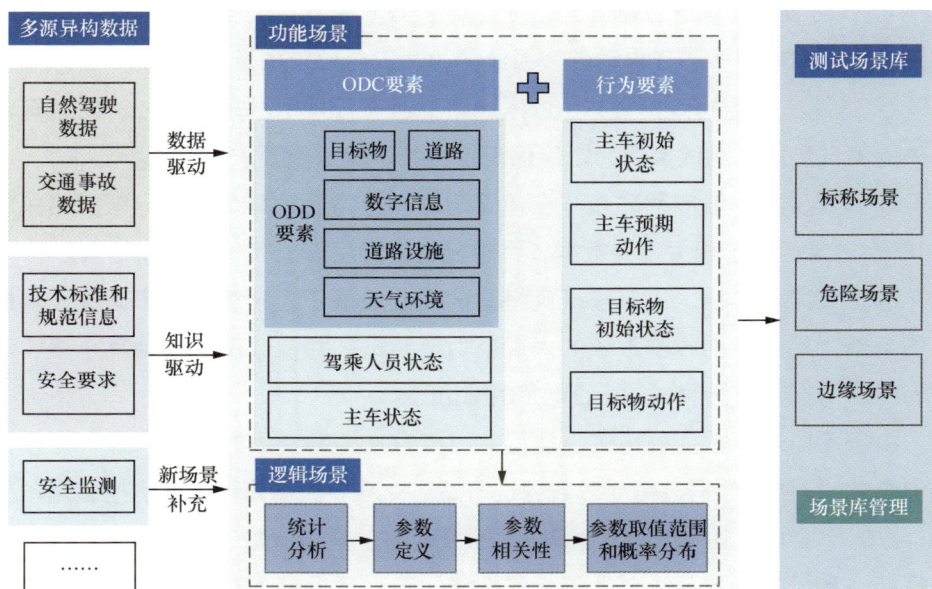

图5-6 智能网联汽车安全测试场景库构建框架

（1）多源异构数据

为保障测试场景库的系统性、全面性、权威性，应建立符合国家道路运行特征及安全管理要求的场景库，涵盖多源场景数据，形成智能网联汽车安全测试场景生态。测试场景库的主要数据来源如下。

① 自然驾驶数据：通过在采集车辆上加装雷达、摄像头、惯性导航系统等多传感器采集系统，在实际道路行驶过程中采集场景数据，为测试场景库的构建提供真实的驾驶数据支撑。

② 交通事故数据：为服务车辆事故研究、改善汽车产品安全，国内外相关机构积极建立交通事故数据库，如中国交通事故深入研究（China In-Depth Accident Study，CIDAS）、国家车辆事故深度调查体系、德国交通事故深入研究（German In-Depth Accident Study，GIDAS）等。相关真实交通事故数据的分析、研究，为测试场景库提供有价值的危险场景及边缘场景。

③ 技术标准和规范信息：相关技术标准和规范一方面可为测试场景库提供典型的测试场景输入，另一方面可为测试场景的场景要素定义、场景要素参数范围及概率分布分析提供重要的参考依据。

④ 安全要求：基于功能安全、预期功能安全等产品过程保障的安全分析及实践经验，构建用于验证自动驾驶系统的相关安全要求的场景。

⑤ 道路交通通行规则要求：依据道路交通通行规则的规定，分析自动驾驶相关的测试场景和测试用例，以确保满足相关法律法规要求。

⑥ 安全监测：智能网联汽车在道路测试、上路通行等过程中，依据相关规定[17, 27]记录的安全相关事件数据，经过分析处理后形成有价值的新场景。

⑦ 合成数据：由人工基于规则搭建的场景或基于人工智能大模型等技术生成的场景，用于自动驾驶系统的大规模功能测试，并能够模拟多种复杂驾驶环境和特殊情况，增强测试的全面性和覆盖度。

由于不同来源数据的格式、类型等可能存在差异，原始数据中也可能存在大量无效、错误的数据，需要对数据进行适当处理。数据处理方法包括数据预处理、数据标准化格式生成、数据清洗、数据标注、场景提取、数据聚类等。通过数据标注和场景提取可生成功能场景要素，通过数据聚类可得到逻辑参数及其范围和概率分布[28]。

（2）功能场景构建

确定场景要素是功能场景构建的首要环节。PEGASUS 项目[24] 提出了场景六层模型，但未包含主车行为等要素。UN/WP.29 FRAV 非正式工作组[29] 和 ISO 自动驾驶测试场景工作组[20] 的研究成果表明，除 ODD 要素外，场景还应包含目标物和主车行为要素。NHTSA[25] 提出的测试场景框架中，要求场景构建应考虑设计运行范围、目标和事件探测与响应行为、主车行为和车辆的失效模式等。

基于以上研究，结合场景的定义，本小节构建场景的要素包括 ODC 要素和行为要素，见表 5–1。其中，行为是指主车预期行为和目标物行为，具体包含主车预期动作、目标物动作、主车和目标物初始状态等。功能场景一般由 ODC 要素和行为要素中的部分或全部场景要素组成，基于知识驱动或数据驱动的方法实现场景要素的有效组合。

表5-1 场景要素及参数

功能场景要素			逻辑场景要素参数
ODC 要素	ODD 要素	道路	道路类型（如城市公路）、道路几何（如横断面）、道路表面（如材质）、道路交叉（如匝道）、道路边缘（如护栏）、车道特征（如道路标线）等	弯道曲率半径、坡度、坡长、道路标线颜色及类型、路面摩擦系数、同向车道数、车道宽度等
		道路设施	交通控制设施（如交通标志）、道路基础设施（如建筑）、道路临时设施（如道路施工）、特殊设施（如隧道）等	交通控制设施的形状、尺寸、分布位置、颜色、内容、控制时序等，隧道长度、类型等
		目标物	目标物类型（如机动车）等	类型、形状、尺寸、颜色等
		天气环境	天气（如雨）、光照（如人工光源）、颗粒物（如雾）、气温等	光照强度、降雨量、降雪量、风力等级、能见度等
		数字信息	无线通信（如V2X）、位置信号（如北斗信息）等	是否具备，以及具备的信号强度和干扰程度
	主车状态	运动状态	运行/激活速度、运行/激活加速度等	允许的速度/加速度范围等
		系统状态	高精地图、传感器、DSSAD等的状态	允许的系统状态
		其他系统状态	底盘系统、车身系统、电源管理系统等的状态	允许的其他系统状态
	驾乘人员状态	驾驶员/DDT后援用户状态	接管能力状态（如注意力状态）、安全带状态、位姿状态等	接管不足的方式、程度等
		乘客状态	干扰状态、安全带状态等	干扰方式、干扰程度等
行为要素	主车预期行为	主车初始状态	初始速度等	初始速度值等
		主车预期动作	横纵向预期动作（如直行、变道）等	——
	目标物行为	目标物初始状态	初始速度、与主车初始横纵向相对位置关系等	初始速度值、与主车初始横纵向相对距离等
		目标物动作	横纵向运动状态（如切入、切出）等	速度、加速度、变道动作持续时间、变道方向、运动轨迹等

（3）逻辑场景构建

对功能场景的要素进行参数化处理后可以得到逻辑场景。逻辑场景的构建需定义场景要素关键参数、参数取值范围和概率分布，并明确各要素参数之间的相关性。

在构建逻辑场景时，应确保逻辑场景要素参数定义的充分性、合理性，典型要素参数见表 5-1。对于场景要素参数，应根据测试需要合理选择 ODC 要素和行为要素中的关键参数，并确保参数定义的标准化。逻辑场景要素参数的定义应以安全验证为导向，筛选对安全要求有较大影响的参数，实现参数的合理分配。例如，针对目标和事件探测与响应的测试目的，侧重于选择影响探测特性、探测范围、探测能力、探测可靠性等的场景要素参数，如光照强度、能见度、目标物的类型、目标物与主车相对距离等。

基于定义的场景要素参数，结合相关法规和技术标准规范要求，进一步分析参数的取值范围、概率分布以及各要素参数间的相关性。例如，基于场景采集系统，提取自然驾驶场景数据，并对提取到的数据进行聚类算法分析，得到要素参数取值范围和概率分布。

2. 场景库管理

为保证测试场景库的标准化、可扩展性，测试场景库采用全过程、多维度的管理体系。如图 5-7 所示，多用户共建测试场景库的管理内容主要包括用户管理、场景版本管理、场景应用管理、存证追溯管理等。

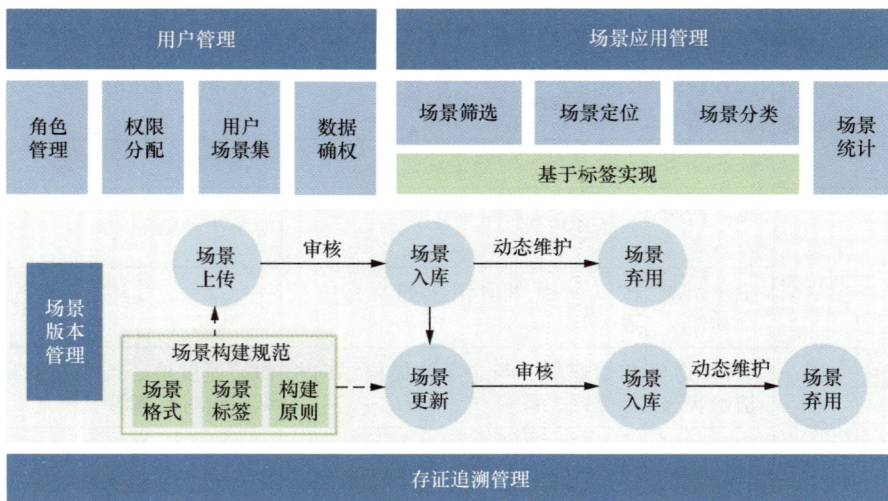

图5-7 测试场景库管理框架

在用户管理方面，通过制定规范明确生态相关方申请成为平台用户的要求和流程、用户角色设置流程、不同用户角色的权限和义务、用户（被）注销条件等。基于联盟区块链技术，对用户共建的场景进行确权，并实现场景数据的可用不可见，即将数据所有权与使用权分离。用户仅可对参与共建的场景集进行管理，场景集作为用户的核心资产，可被其他用户通过标签检索并使用，但在使用过程中并不体现权属信息等，以保障测试验证工作客观、公正。

在场景应用管理方面，通过使用包含场景定性或定量信息的标签，可在测试场景库中对场景进行筛选、定位和分类。测试场景库的一、二级标签框架如图5-8所示，包含ODC要素、行为要素、场景分类标签等。对于场景筛选，通常基于自动驾驶系统的功能定义和设计运行条件进行匹配筛选；对于场景定位，可通过设计运行条件和行为标签进行组合，定位到特定的逻辑场景；对于场景分类，基于场景分类标签，从场景来源、测试类型、场景抽象层级等维度对场景进行分类，如依据场景来源标签将场景分为自然驾驶场景、交通事故场景等。此外，还可以通过场景统计对场景使用频率、测试通过率等进行分析，实现对场景的评价。

通过场景版本管理，可实现测试场景库内场景的迭代更新。应制定场景构建规范，保证用户上传的场景符合测试场景库的构建原则，以及场景格式、场景标签等场景入库要求。符合规范要求的场景经审核后，即可入库供其他用户使用。当场景要素或要素参数发生变化时，可对在用场景进行更新，并基于入库要求对更新的场景进行审核，实现更新场景入库。此外，可以根据场景使用情况分析及用户反馈淘汰并弃用场景库中的低价值场景。

为实现场景的溯源管理，赋予场景唯一编码，并记录测试场景库中的场景版本、用户使用情况等信息。

3. 测试场景与场景库构建实践

（1）测试场景构建

以高速公路前车切出后前方存在目标车辆的场景为例，构建图5-9所示的测试场景。在常规实践中，应重点关注影响目标和事件探测与响应能力的要素（如道路结构、目标车辆的类型、天气等），同时应考虑主车及目标车的运动参数（如目标车1的切出时长、目标车2的速度、目标车1与主车的初始距离等）。

场景分类	道路	道路设施	目标物	天气环境	数字信息	驾乘人员状态	主车状态	主车预期行为	目标物行为
场景来源	道路类型	交通控制设施	类型	天气	无线通信	驾驶员/DDT后援用户状态	运动状态	主车初始状态	目标物初始状态
测试类型	道路几何	道路基础设施	形状和尺寸	光照	位置信号	乘客状态	系统状态	主车预期动作	目标物动作
场景抽象层级	道路表面	道路临时设施	颜色	颗粒物	……		其他系统状态		
应用场景	道路交叉	特殊设施	……	气温					
场景特征	道路边缘	……		……					
……	车道特征								
	……								

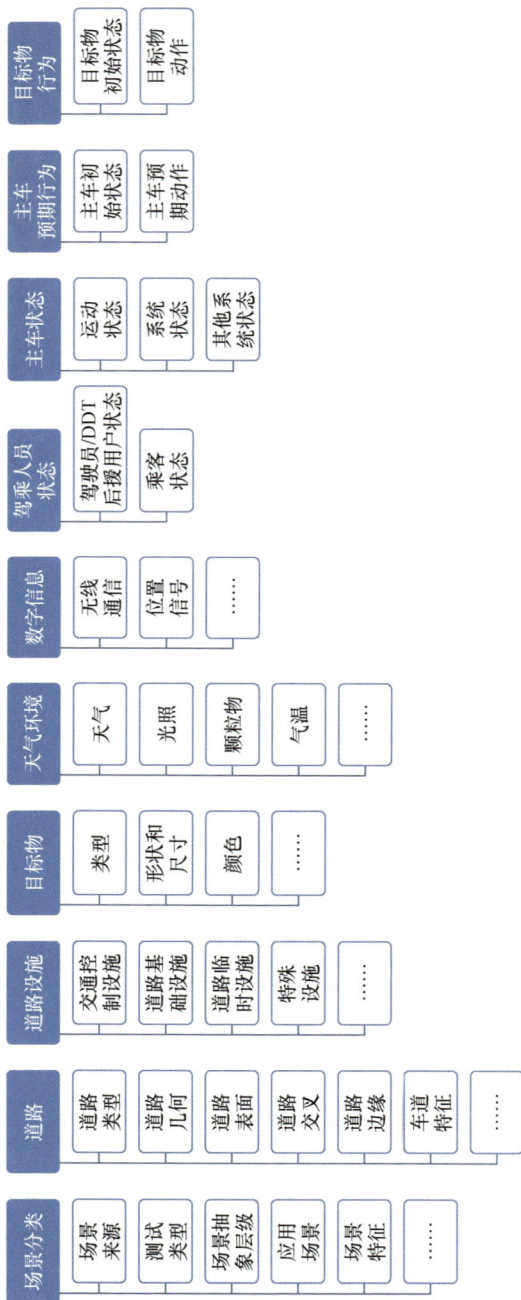

图5-8 测试场景库的一、二级标签框架

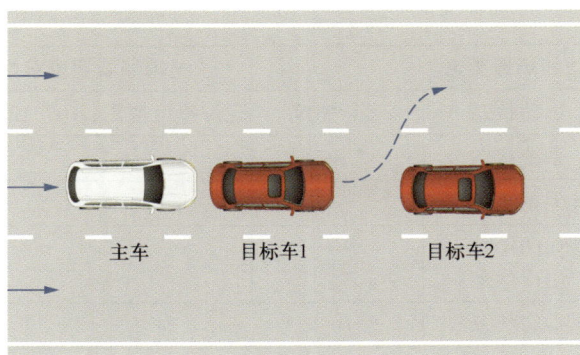

图5-9　前车切出场景示意

　　首先，基于场景特点分析，该测试场景重点关注 ODD 要素和行为要素，不涉及驾乘人员状态和主车状态，得到测试场景的功能场景要素。其次，基于安全要求、测试需求等分析，进一步定义逻辑场景参数。最后，依据相关技术标准和规范的要求，综合考虑充分性、合理性等因素，给出参数取值范围。基于以上原则，前车切出场景的功能场景要素、要素参数及范围分布见表 5-2。

表5-2　前车切出场景的功能场景要素、逻辑场景要素参数及范围分布

功能场景要素			逻辑场景要素参数及范围分布
ODC 要素	ODD 要素	道路	高速公路	坡度：[-10°，10°] 弯道曲率半径：[70，150，300，400，600，1000，1600] m 同向车道数：2≤α≤5，α取正整数 主车所在车道：[1，α]，沿主车行驶方向从左至右进行编号 车道宽度：[3.25，4] m 路面摩擦系数：[0.2，0.8]
			道路标线	道路标线：[白虚，白实，黄虚，黄实，双白虚，双白实，白色虚实，黄色虚实，双黄虚，双黄实]
		道路设施	—	—
		目标物	机动车	类型：[载客汽车，载货汽车，专用作业车]
		天气环境	晴天	光照强度：[30 000，100 000] LUX 能见度：[200，3000] m
		数字信息	北斗位置信号	[有，无]北斗位置信号

续表

功能场景要素			逻辑场景要素参数及范围分布
ODC要素	主车状态	运动状态	运行速度	允许速度范围：[0，120] km/h
		系统状态	—	—
		其他系统状态	—	—
	驾乘人员状态	驾驶员/DDT后援用户状态	—	—
		乘客状态	—	—
行为要素	主车预期行为	主车初始状态	初始速度	初始速度范围：[5，50] km/h
		主车预期动作	横纵向预期动作	车道保持
	目标物行为	目标物初始状态	与主车同一车道、位于主车前方、与主车同向行驶	目标车1与主车初始纵向间距：[50，100] m 目标车2与主车初始纵向间距：[120，150] m
		目标物动作	目标车1：切出 目标车2：车道保持	目标车1初始速度：[10，50] km/h 目标车1切出方向：[向左切出，向右切出] 目标车1切出动作持续时间：[2，15] s 目标车2初始速度：[0，30] km/h

（2）测试场景库构建

以高速公路/快速路应用场景为例，给出测试场景库构建实例，将测试场景库中的场景分为DDT执行、DDT后援、人机交互、失效响应等，见表5-3，这里仅给出了部分功能场景的示例。例如，在DDT执行过程中，车辆应符合安全控制横纵向运动、响应目标物和交通事件、具备紧急避撞策略、遵守交通规则等安全要求。通过组合主车预期行为、目标物行为、道路等要素，得到主车与目标车在不同环境条件下的交互场景，可用于验证DDT执行的安全性。此外，基于不同安全要求的测试，可对构建的功能场景定义合理的要素参数和参数取值范围。

4. 小结

5.1.2小节调研了国内外智能网联汽车自动驾驶测试场景和场景库研究及实践进展，基于我国的产业发展和行业管理需求，提出了面向智能网联汽车安全测试评估的测试场景与场景库构建方法。5.1.2小节基于多源异构数据，协同行业共建共享，研究了测试场景与场景库的构建以及场景库管理方法，并针对高速

表5-3 高速公路/快速路应用场景下的测试场景库示例

场景分类	道路	功能场景示例（自车为主车，红车为目标车）					
		动态行为					
		周围无交互车辆	跟车行驶	有前车—目标车切入	无前车—目标车切入	前车切出后—无前车	前车切出后—有前车
系统动态控制	直道	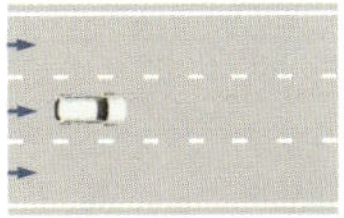	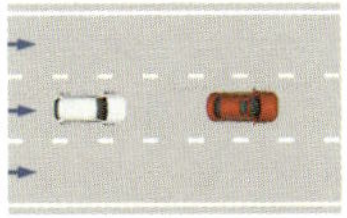	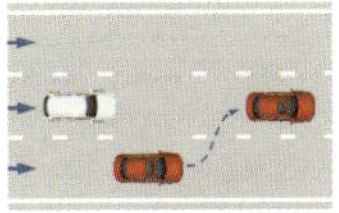	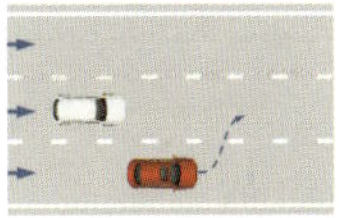	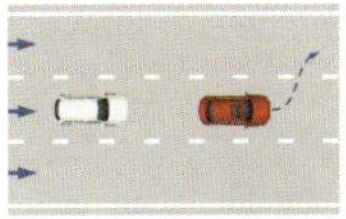	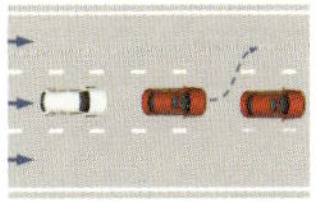
	弯道	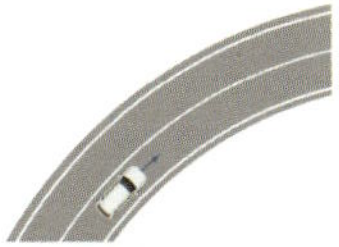		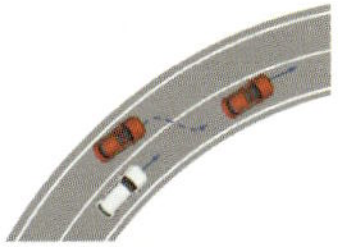			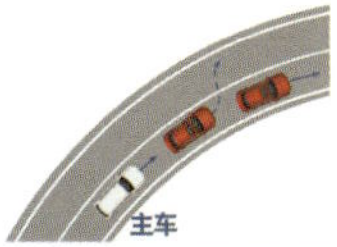 主车
	匝道入口	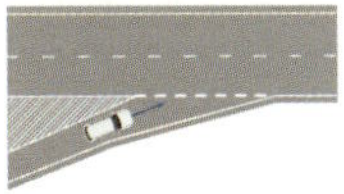	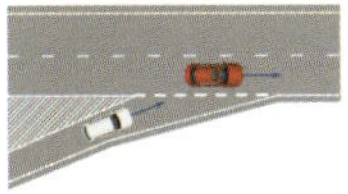	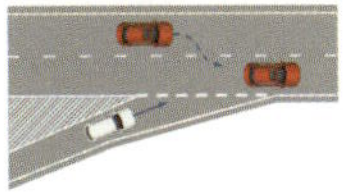	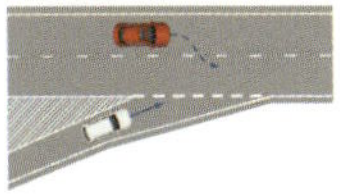	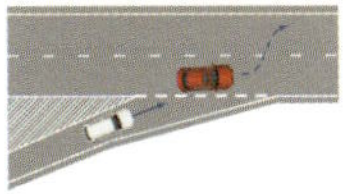	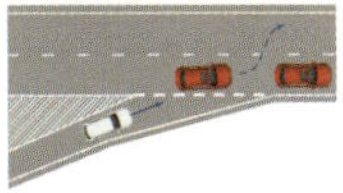
	匝道出口	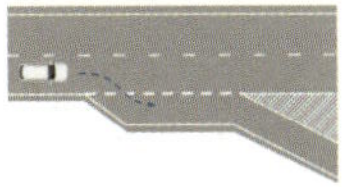	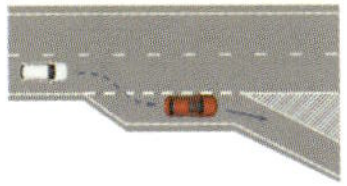	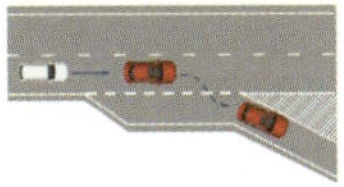	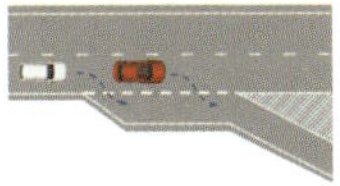	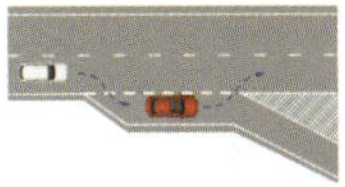	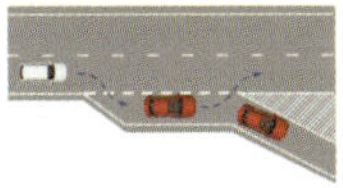
人机交互	按键退出	制动超控	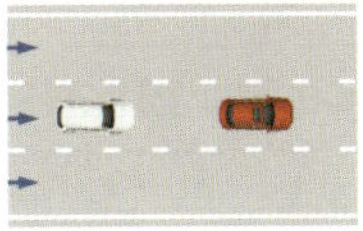	人员误用			

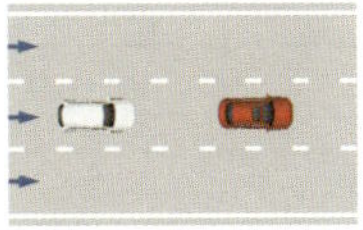

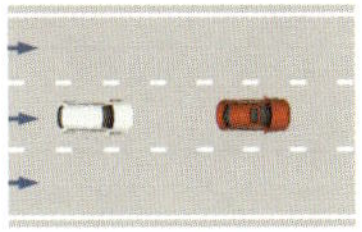

……

111 ◀

续表

场景分类	功能场景示例（白车为主车，红车为目标车）					
失效安全响应	通信故障		摄像头失效		执行器失效	
系统边界响应	车道线缺失		锥形桶		隧道	
	限速标志		事故现场		收费站	
			……		……	

公路 / 快速路应用场景下的测试场景与场景库构建进行了实践探索。

5.1.3 模拟仿真测试

为实现"与人类驾驶安全性能相比具有正向风险平衡"的目标[30]，智能网联汽车面临海量场景测试挑战[31]。与实车测试方法相比，模拟仿真测试以其高效率、低成本、高安全性、高覆盖度等优势，成为测试验证自动驾驶系统安全的重要支柱之一[7, 32]，在智能网联汽车自动驾驶综合安全测试评估中发挥着至关重要的作用。

国内外学者、机构在模拟仿真测试方法、测试场景、仿真建模、工具链可信度等方面已开展了大量基础研究工作[28, 33-35]。针对产品的不同阶段，不同类型的模拟仿真测试方法不仅应用于智能网联汽车开发过程，而且在产品验证、确认和评估中也逐步扮演着重要角色。联合国型式批准法规 UN/ECE R157 中提出可以采用模拟仿真测试方法进行测试验证，并对仿真工具、模型等提出相关要求。日本在其型式批准法规中明确了引入软件在环（Software-In-the-Loop，SIL）和硬件在环（Hardware-In-the-Loop，HIL）测试[36]。UN/WP.29 VMAD 非正式工作组[8] 提出的新测试评估方法——NATM 中要求使用经验证的仿真工具链进行模拟仿真测试来评估自动驾驶系统的安全性，并提出 SIL 测试适用于驾驶安全及关键安全场景评估。欧盟自动驾驶系统型式批准法规（EU）2022/1426 中明确了可以采用模拟仿真、封闭场地和实际道路等测试方法，并引入了联合国关于模拟仿真测试可信度研究的成果。ISO[37-38] 制定的车辆动力学仿真模型及测试方法等相关标准，为车辆动力学仿真测试验证奠定了基础。SCHÖNER 等[39] 研究提出，SIL 测试是解决复杂和困难场景下控制算法验证、行为和规则合规性验证的有效手段。以上研究表明，随着技术的成熟，模拟仿真测试能为智能网联汽车安全测试评估提供重要支撑，其中，SIL 测试以其低成本、低风险、高效率和高覆盖度等优势，成为验证智能网联汽车安全性，尤其是功能不足、算法缺陷等问题的重要手段。

本小节在国内外自动驾驶模拟仿真测试方法研究以及相关实践应用的基础上，结合我国智能网联汽车安全管理需求，站在第三方的视角，聚焦自动驾驶汽车产品安全，提出一套基于 SIL 测试的自动驾驶汽车模拟仿真测试方法，重点从模拟仿真测试环境框架、基于设计运行条件覆盖的测试场景集生成方法、测试环境可信度验证与评估等方面进行分析。此外，本小节还将对模拟仿真测试验证评估流程进行研究、梳理，并针对自动驾驶系统特定应用场景开展初步的测试评估实践。

1. 总体研究框架

模拟仿真测试方法基于自动驾驶功能定义、设计运行条件、安全要求等测试输入，从测试环境搭建、覆盖设计运行条件的测试场景集构建以及可信度验证与评估 3 个方面具体展开，总体框架如图 5-10 所示。

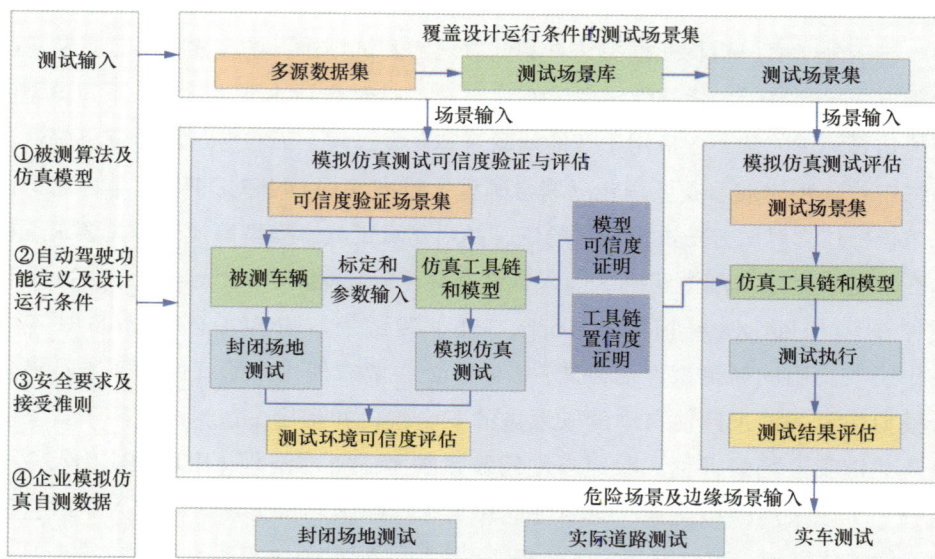

图5-10　基于场景的自动驾驶模拟仿真测试总体框架

2. 测试输入

模拟仿真测试输入包括被测算法及仿真模型、自动驾驶功能定义及设计运行条件、安全要求及接受准则、企业模拟仿真自测数据等。

（1）被测算法及仿真模型：待测试验证的自动驾驶算法，以及自动驾驶汽车的车辆动力学模型及参数，自动驾驶系统相关的传感器配置、模型及参数，车辆动力学模型和传感器模型的可信度验证和评估证明。

（2）自动驾驶功能定义及设计运行条件 [25, 40]。

（3）安全要求及接受准则：包括对动态驾驶任务执行、接管、最小风险策略等的安全要求，同时包括根据安全要求制定的合理风险接受准则。

（4）企业模拟仿真自测数据：企业模拟仿真自测关键数据，包括仿真测试场景集、测试工具链、仿真模型、仿真测试结果等。

3. 测试环境框架

模拟仿真测试以测试场景集为基础，通过对环境、传感器、车辆动力学等进行模拟，搭建自动驾驶系统测试所需的测试环境，实现自动驾驶系统在模拟交通场景中的高效率、高覆盖度测试。下面基于政策、法规、标准、工具等研究基础，结合行业探索实践[41]，以自动驾驶算法为测试对象，构建模拟仿真测试环境框架，如图 5-11 所示。

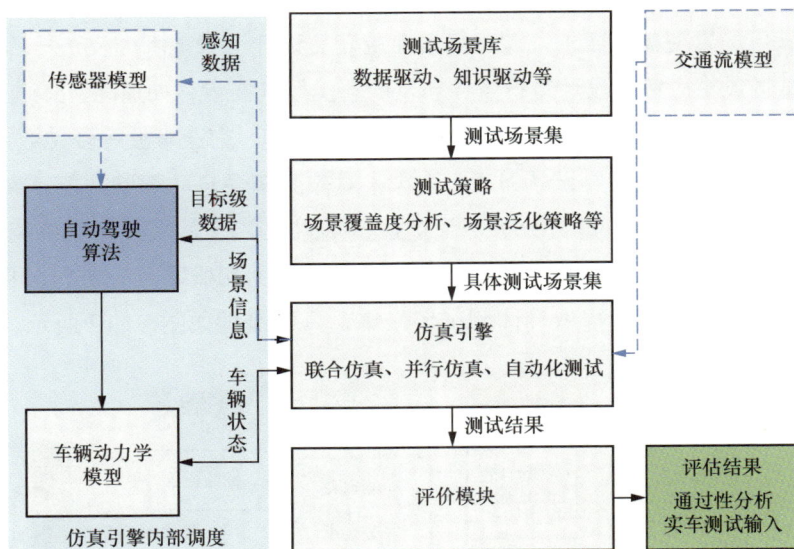

虚线代表根据实际测试需要选做。

图5-11 模拟仿真测试环境框架

以基于设计运行条件覆盖的方法建立的测试场景集为输入，导入传感器模型（如果需要）和车辆动力学模型，在场景覆盖度分析、场景泛化策略分析等测试策略的指导下，融合交通流模型（如果需要）提供的模拟交通流，通过场景解析、地图解析、仿真运算、模型耦合、时间同步等运算处理实现对测试场景的模拟，建立自动驾驶算法测试所需的测试环境。

在环境搭建过程中，通过构建传感器模型（如果需要）获取测试场景中的道路、交通流、环境等信息，并将原始数据或目标级数据输入给自动驾驶算法。自动驾驶算法将经过感知、决策、控制、执行等模块计算得到的车控指令输入给车辆动力学模型，以验证自动驾驶算法功能的实现情况。测试环境中还应包含评价模块，仿真引擎将测试结果输出至评价模块，评价模块基于指标体系的量化指标进行通过性分析，形成自动驾驶算法模拟仿真测试评估结果。

4. 测试场景集构建

国内外针对自动驾驶系统安全性测试的场景库已开展广泛研究与建设，如美国Mcity[42]、日本SAKURA(Safety Assurance KUdos for Reliable Autonomous Vehicles)[43]、英国MUSICC(Multi User Scenario Catalogue for Connected Autonomous Vehicles)[44]、我国的多场景集多引擎模拟仿真测试服务平台[45]等。

为满足场景覆盖度要求，测试场景库应涵盖设计运行范围内及边界的各类场景，测试场景集应包括设计运行条件涉及的各类场景要素，如道路、交通、天气、车辆状态等。首先，基于自然驾驶、技术标准和规范、交通事故等多种数据来源，构建由多源数据驱动的测试场景库；其次，对被测车辆自动驾驶功能定义、设计运行条件、安全要求等进行分析，筛选测试场景，并确定相关参数取值范围和概率分布，形成测试场景集；最后，通过对取值范围和概率分布进行分层采样，对逻辑场景进行泛化，提取具体测试场景集，具体流程如图 5-12 所示。

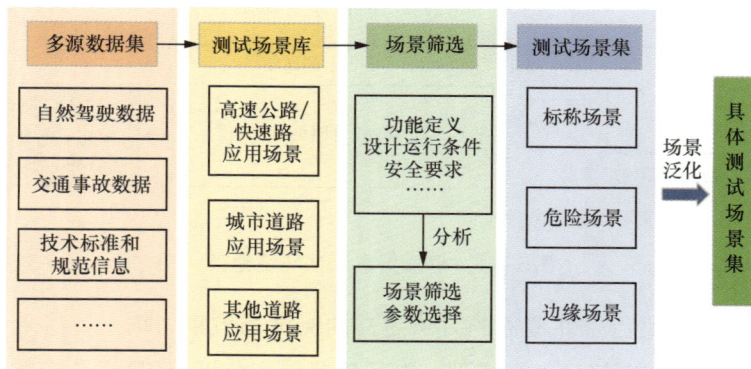

图5-12 覆盖设计运行条件的测试场景集构建

图 5-13 所示为针对高速公路/快速路应用场景的有条件自动驾驶系统测试场景集的部分示例，其中，图 5-14 所示为 No.4(直道 – 主车道自动驾驶 – 无前车 – 目标车切入)测试场景示例。

道路	主车行为	周围无交互车辆	跟车行驶	有前车-目标车切入	无前车-目标车切入	前车切出后无前车	前车切出后有前车
直道	主车道自动驾驶	No.1	No.2	No.3	No.4	No.5	No.6
直道	自动变道		No.7	No.8	No.9		No.10
弯道	主车道自动驾驶	No.11	No.12	No.13	No.14	No.15	No.16
弯道	自动变道		No.17	No.18	No.19		No.20
匝道入口	主车道自动驾驶	No.21	No.22	No.23	No.24	No.25	No.26
匝道入口	自动变道		No.27	No.28	No.29		No.30
匝道出口	主车道自动驾驶	No.31	No.32	No.33	No.34	No.35	No.36
匝道出口	自动变道		No.37	No.38	No.39		No.40

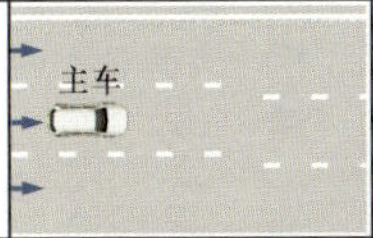

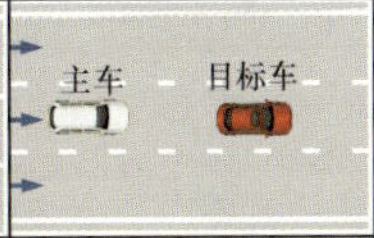

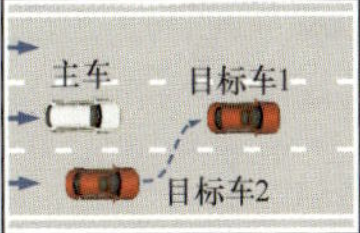

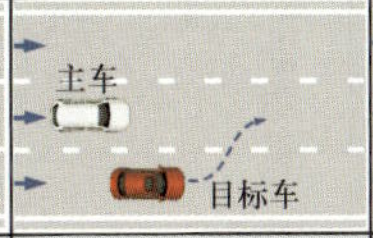

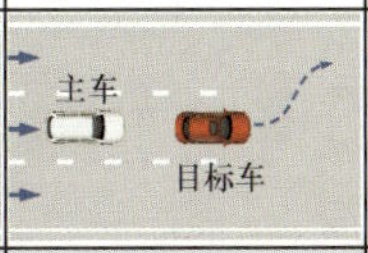

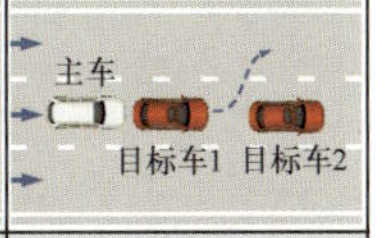

图5-13 针对高速公路/快速路应用场景的有条件自动驾驶系统测试场景集的部分示例

一级场景		主车在前	主车与目标车并列	主车在后
No.4（直道-主车道自动驾驶-无前车-目标车切入）	目标车加速			
主车 目标车	目标车匀速			
	目标车减速			

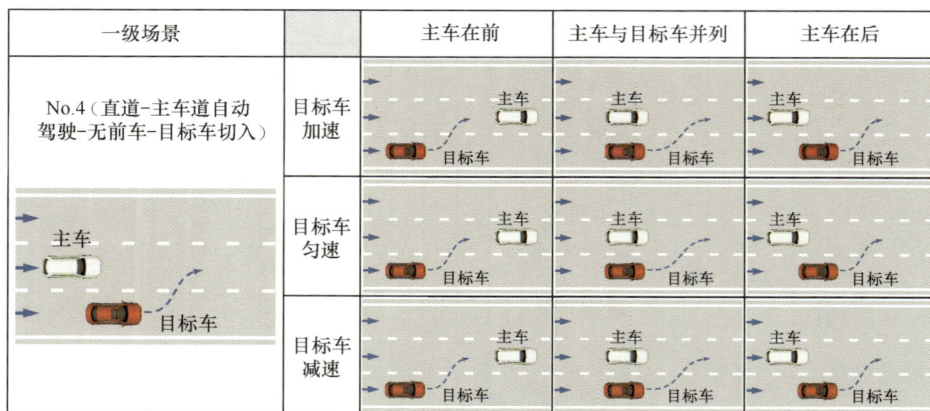

图5-14　No.4（直道-主车道自动驾驶-无前车-目标车切入）测试场景示例

5. 测试可信度验证与评估

模拟仿真测试可信度用于验证仿真工具链、仿真模型以及测试环境等对实际测试过程中准确性、可靠性等要求的满足情况[46]。联合国、欧盟、日本等的相关技术法规允许将模拟仿真测试用于型式批准测试，同时明确对仿真测试工具链置信度、仿真模型可信度等的要求[8, 17, 26, 36, 47]。

（1）测试工具链置信度要求

测试工具链包含场景管理模块、仿真引擎、评价模块等。测试工具链的置信度要求取决于测试工具的预期使用目的、失效相关的风险、相关项或要素的ASIL等[48]。

模拟仿真测试工具链中的核心模块应通过置信度确认，以保障在仿真运算过程中不会出现因仿真软件本身引发的计算错误、算法逻辑变更、超预期的信号时序变更、同步状态改变等问题，或者在问题出现时能够及时发现。

工具链需要进行从设计开发到测试验证的全流程安全评估保障，涉及软件安全需求明确、代码架构设计、代码优化、合规性检测、数据流测试、控制流测试、单元设计、单元测试、集成测试等。此外，可以通过在使用中积累置信度、工具开发流程评估、软件工具确认、安全标准开发等方法，得出工具的潜在错误和使用限制要求。

（2）模型可信度

模型可信度是指在基于场景的测试中，模拟仿真测试与实车测试结果之间的统计不确定性或误差[49]。模型可信度包含以下3个预设条件：

① 所有的实车测试轨迹在模拟仿真测试中都是可能出现的，并有相同的行为决策；

② 每条模拟仿真测试轨迹至少有一条实车测试轨迹与其对应；

③ 模拟仿真测试轨迹和实车测试轨迹的可能性是相同的。

若条件③成立，则表明模型是可信的。剩下的误差是统计上的不确定性，可通过模型标定来降低模型参数后验分布的不确定性。

由于存在传感器模型和动力学模型误差，在对比过程中应分别观察实车和仿真运动曲线的趋势是否一致。选取合理的观察点，重点分析曲线拐点是否有状态判断、对自动驾驶算法的状态跳转的判定是否正确等，而非重点关注曲线上的具体数值。

（3）测试环境可信度验证

测试环境可信度验证需要在相关测试场景集的较小但具有足够代表性的子集上执行[8, 50-51]，具体流程如下。

① 选择用于可信度验证的场景和参数：从测试场景集中选择用于可信度验证的子集，以及影响仿真结果的性能特征参数。

② 实车标定试验：在进行验证之前，执行实车标定试验，以测量需要在模拟工具中输入或调整的参数。

③ 输入和调整仿真工具以及环境的设置：根据在模拟中需要使用的目标车的参数（如整备质量）和从"实车标定试验"中获得的数据输入和调整设置（如制动性能）。

④ 确认可信度的实车测试：从可信度验证场景集中选择场景进行实车测试，如封闭场地测试。

⑤ 确认可信度的模拟仿真测试：从可信度验证场景集中选择场景进行模拟仿真测试。

⑥ 确认测试环境的可信度：对比实车测试和模拟仿真测试结果，确认测试环境的可信度。

6. 测试评估实施过程

基于搭建的高可信度测试环境，结合具体测试场景集，对自动驾驶算法开展大规模场景下的模拟仿真测试，以验证其在设计运行范围内及边界的安全性[8, 52]。

具体测试评估流程如图 5-15 所示，主要包括测试需求分析、资源配置及接口定义、测试用例集生成、测试执行和测试结果评估几个步骤。

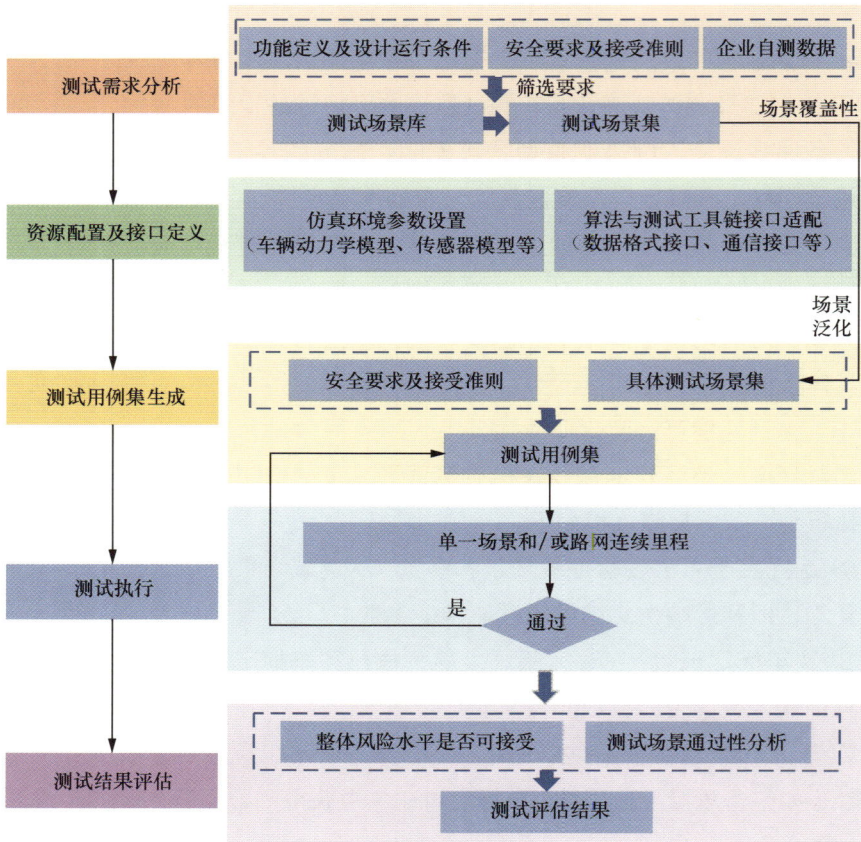

图5-15　模拟仿真测试评估流程

① 测试需求分析：测试前，应根据自动驾驶功能定义、设计运行条件、安全要求、接受准则等识别模拟仿真测试场景集并制定测试方案。

② 资源配置及接口定义：对仿真环境进行参数设置，如车辆动力学模型、传感器模型等的参数；对自动驾驶算法与测试工具链接口进行匹配和定义，包括数据格式接口、通信接口等。

③ 测试用例集生成：使用配置参数，通过泛化技术生成具体的测试场景集。根据自动驾驶系统的安全要求和接受准则进行敏感性分析，降低参数空间维度，得到覆盖被测自动驾驶系统功能和设计运行条件的充分、合理的模拟仿真安全

测试用例集。

④ 测试执行：在具体测试过程中，被测算法可进行单一场景和/或路网连续里程仿真测试。当完成所有仿真测试用例的测试后，模拟仿真测试结束。通过联合仿真、并行仿真、自动化测试等方式，还可以提高模拟仿真测试的精度和效率。

⑤ 测试结果评估：基于自动驾驶系统的安全要求和测试结果，对系统进行安全评估，并与评价标准进行比较，判断整体风险水平是否可接受、测试场景是否通过。此外，通过对测试结果进行分析，识别模拟仿真测试过程中的危险场景和边缘场景，为封闭场地测试的测试场景选择和实际道路测试的测试道路选择提供依据。

7. 小结

5.1.3 小节从第三方视角出发，在智能网联汽车基于场景的测试方法研究的基础上，提出了基于场景的自动驾驶汽车模拟仿真测试方法，分别从模拟仿真测试环境框架、测试场景集构建、测试可信度验证与评估等方面进行了研究，梳理并形成了模拟仿真测试流程。

5.1.4 封闭场地测试

封闭场地测试通过基于封闭试验场构建的典型物理测试场景对智能网联汽车进行安全测试评估，这是对自动驾驶技术水平和安全性能进行评估的较为直观、明确的方法。在相对安全、可控且可复现的条件下对智能网联汽车进行充分的技术试验和安全测试评估，是保障智能网联汽车实际道路安全测试的前提，可以有效验证智能网联汽车在典型场景下的安全性能，这也是国内外自动驾驶测试的常规实践。

当前，国内外研究机构、学者针对智能网联汽车封闭场地测试方法已开展了大量研究。Mcity[53] 拥有全球首个自动驾驶封闭试验场，体现了封闭场地加速测试理念，并针对高速公路、城市道路等应用场景对智能网联汽车进行了测试。NHTSA[54] 研究总结了六大类碰撞事故场景，为美国公路安全保险协会（Insurance Institute for Highway Safety，IIHS）等标准的封闭场地测试场景研究提供了重要参考。KUSANO 等 [55] 基于美国交通事故综合评估数据库（General

Estimates System，GES）等的分析，将碰撞场景分为单车和多车等共 18 类，并应用于高级驾驶辅助系统的测试评估。PEGASUS 项目 [2] 针对自动驾驶封闭场地测试流程和测试装备进行了研究，并给出了相应的实施建议。UN/WP.29 VMAD 非正式工作组 [8] 提出的自动驾驶安全测试评估方法中，明确要求利用封闭场地测试验证自动驾驶系统在标称场景和关键场景中的安全性。针对自动车道保持系统的联合国型式批准法规 UN/ECE R157，为自动驾驶封闭场地测试提供了实践参考。ISO 先后发布了多个针对特定场景的智能网联汽车封闭场地测试标准 [56-59]。以上研究也表明，针对 3 级和 4 级自动驾驶汽车的封闭场地测试，目前仍未形成成熟、系统的测试评估方法及应用实践。

本小节在智能网联汽车基于场景的测试评估方法研究的基础上，站在第三方的视角，先结合封闭场地测试的特点，构建自动驾驶汽车封闭场地测试方法，并对测试需求、测试场景及场景关键参数、测试场景可实施性与覆盖性分析、测试评估指标进行分析；再针对测试准备、测试执行、测试评估等不同阶段，对封闭场地测试的具体实施方法进行研究。

1. 总体研究框架

如图 5-16 所示，封闭场地测试方法以产品信息及相关资源、测试需求分析等测试输入为基础，从测试场景及场景关键参数选取、场景可实施性与覆盖性分析、评估指标确定、测试实施和测试评估 5 个方面开展研究。

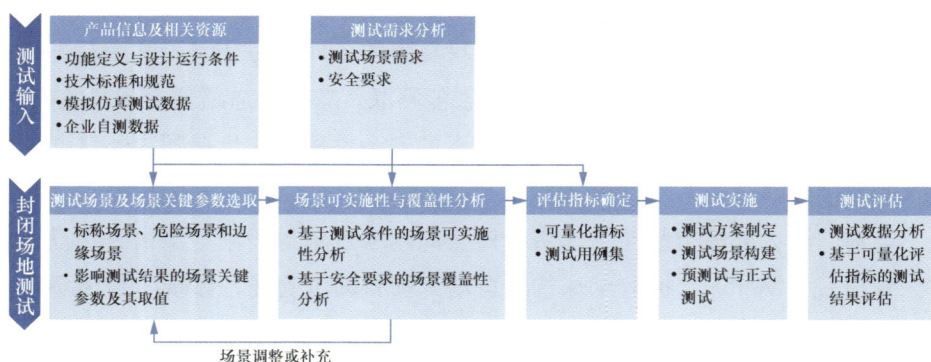

图5-16　总体研究框架

首先，基于智能网联汽车的自动驾驶功能定义与设计运行条件、技术标准和规范、模拟仿真测试数据、企业自测数据及测试需求分析结果等测试输入确定封闭场地测试场景及场景关键参数；其次，通过分析测试场景的可实施性与覆盖性，对测试场景进行相应的调整或补充；再次，基于封闭场地测试安全要求，研究安全接受准则并确定测试场景的可量化评估指标，生成必要且可实施的测试用例集；又次，根据确定的测试用例集开展测试；最后，分析测试数据，结合可量化评估指标，评估产品是否满足封闭场地测试安全要求。

2. 测试需求分析

封闭场地测试存在成本高、效率低、场景可扩展性差等缺点，但可以提供比模拟仿真测试更为真实的测试环境，且其风险程度低于实际道路测试，并在场景构建上具有可复现的特点，因此封闭场地测试适用于对选定的典型标称场景、典型危险场景和典型边缘场景开展实车测试，验证自动驾驶系统在典型场景下的安全水平。此外，封闭场地测试还可以为模拟仿真测试的可信度评估提供依据，以及复现和验证实际道路测试的特定安全场景。

实施测试前，针对自动驾驶系统的应用场景，基于智能网联汽车的自动驾驶功能定义、设计运行条件和封闭场地测试可实施性等分析，通过对技术标准规范场景、模拟仿真测试场景、企业自测场景等典型场景的研究，获得用于封闭场地测试的典型场景，具体包括典型标称场景、典型危险场景和典型边缘场景3类。其中，技术标准规范场景主要包含相关技术标准和规范所定义的代表性场景，以作为封闭场地测试场景的重要输入；模拟仿真测试场景主要包含模拟仿真测试中发现的典型危险场景和边缘场景；企业自测场景主要包含基于企业研发测试结果筛选的危险场景和边缘场景。

典型标称场景主要考察智能网联汽车在常规（非紧急）场景下的行为能力，以保证智能网联汽车能够处理其设计运行条件下的多数交通情况。该类场景主要基于已有的自动驾驶相关的法规、技术标准/规范、自然驾驶数据、系统安全分析、企业自测数据等信息，结合智能网联汽车的自动驾驶功能定义、设计运行条件等进行筛选确定。

典型危险场景主要考察智能网联汽车针对常规场景下的小概率事件等的应对能力。该类场景主要通过自然驾驶数据、模拟仿真测试结果、系统安全分析结果、企业自测数据等获得。

典型边缘场景主要考察智能网联汽车应对失效场景、设计运行条件边界场景等的能力。该类场景可以通过已有的交通事故数据、模拟仿真测试结果、系统安全分析结果、企业自测数据等途径进行确认。

上述3类场景除了关注车辆行驶环境和交通参与者对自动驾驶产品安全的影响外，同样考虑对自动驾驶系统状态、人机交互等方面安全因素的影响。

针对不同的应用场景，封闭场地测试场景可以分为高速公路/快速路场景、城市道路场景和其他道路场景，具体见表5-4。

表5-4 封闭场地测试场景示例（按应用场景分类）

场景类别	高速公路/快速路场景	城市道路场景	其他道路场景
测试场景	1. 限速标志及解除限速标志； 2. 车道线识别（过弯场景）； 3. 隧道场景； 4. 匝道； 5. 收费站； 6. 常规障碍物； 7. 静止车辆占用部分车道； 8. 前方车辆切出； 9. 前方车辆切入； 10. 目标车辆停走； 11. 前方车辆紧急制动； 12. 动态驾驶任务干预； 13. 最小风险策略； ……	1. 限速标志及解除限速标志； 2. 车道线识别（过弯场景）； 3. 停车让行标志标线； 4. 机动车信号灯； 5. 方向指示信号灯； 6. 快速车道信号灯； 7. 隧道场景； 8. 环形路口； 9. 无信号灯路口直行车辆冲突通行； 10. 无信号灯路口右转车辆冲突通行； 11. 无信号灯路口左转车辆冲突通行； 12. 常规障碍物； 13. 静止车辆占用部分车道； 14. 行人通过人行横道； 15. 行人沿道路行走； 16. 自行车沿道路骑行； 17. 摩托车沿道路行驶； 18. 行人横穿道路行走； 19. 自行车横穿道路； 20. 前方车辆切出； 21. 前方车辆切入； 22. 对向车辆借道行驶； 23. 目标车辆停走；	1. 限速标志及解除限速标志； 2. 车道线识别（过弯场景）； 3. 机动车信号灯； 4. 方向指示信号灯； 5. 无信号灯路口直行车辆冲突通行； 6. 无信号灯路口右转车辆冲突通行； 7. 无信号灯路口左转车辆冲突通行； 8. 常规障碍物； 9. 静止车辆占用部分车道； 10. 行人通过人行横道； 11. 行人沿道路行走； 12. 自行车沿道路骑行； 13. 摩托车沿道路行驶； 14. 行人横穿道路行走； 15. 自行车横穿道路； 16. 前方车辆切出； 17. 前方车辆切入； 18. 对向车辆借道行驶； 19. 目标车辆停走； 20. 跟车行驶前方存在车辆静止； 21. 前方车辆紧急制动； 22. 定点停车；

场景类别	高速公路/快速路场景	城市道路场景	其他道路场景
测试场景		24. 跟车行驶前方存在车辆静止； 25. 前方车辆紧急制动； 26. 定点停车； 27. 被测车辆驶向公交站； 28. 普通公交站台式进站； 29. 动态驾驶任务干预； 30. 最小风险策略； ……	23. 被测车辆驶向公交站； 24. 普通公交站台式进站； 25. 动态驾驶任务干预； 26. 最小风险策略； ……

3. 测试场景及场景关键参数选取

结合不同来源场景的特点，有针对性地筛选出与产品应用场景契合度高的封闭场地测试的典型标称场景、典型危险场景和典型边缘场景，对行驶环境、行驶功能等关键安全要素进行覆盖，充分满足封闭场地测试的验证要求，保证封闭场地测试评估的整体效果和质量。通过技术标准和规范确认测试场景时，应在分析技术标准和规范的相关性、权威性的基础上，筛选出必要的测试场景集；通过模拟仿真测试数据确定测试场景时，应对模拟仿真测试输出的安全风险场景进行统计分析，从场景可能导致的后果的严重度、场景的发生概率和场景中危险行为的可控性等维度确定典型危险场景和典型边缘场景；通过企业自测数据确认测试场景时，应基于安全分析结果判断企业自测数据是否充分，一方面对其验证不充分的安全要求补充场景进行测试，另一方面对企业自测结果中涉及关键安全要求的风险场景进行有针对性的抽测。

选取场景关键参数时，应能以测试场景主要验证的安全要求为导向，对测试场景进行有针对性的解构和分析，基于专家经验、参数统计分布分析等方法，提取对测试结果影响显著且可控、可复现的关键参数。场景关键参数取值应能表征或影响封闭场地测试的安全要求。例如，在高速跟随场景中，选取跟随速度和跟随距离为场景关键参数。

4. 测试场景可实施性与覆盖性分析

通过建立测试场景构成要素与封闭场地测试条件之间的对应关系，结合不确定度分析[32]进行测试场景的可实施性分析。将测试场景按照道路、交通、天气、光照、驾乘人员状态、车辆状态等要素进行解构，并与封闭测试场地、测试设备等资源信息进行匹配，分析测试场景的可实施性。

对于测试场景的覆盖性，应基于自动驾驶功能定义和设计运行条件，结合封闭场地测试中待验证的安全要求，建立测试场景与具体安全要求之间的对应关系，分析测试场景是否能够充分支撑安全要求的验证、评估需要。

5. 评估指标确定

基于测试场景与具体安全要求之间的对应关系，结合封闭场地测试安全要求及安全接受准则，从智能网联汽车的定位、感知、决策、控制、执行、人机交互等方面确定能够反映安全要求满足情况且可量化的封闭场地测试评估指标及其阈值。

6. 测试评估实施

基于封闭场地测试方法研究，其具体实施流程可以分为测试准备、测试执行和测试评估 3 个阶段，如图 5-17 所示。

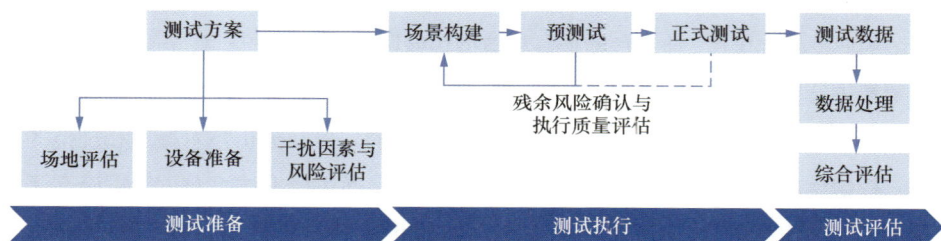

图5-17　封闭场地测试评估实施流程

（1）测试准备

根据封闭场地测试场景、安全要求等制定封闭场地测试方案，包括场地评估、设备准备、干扰因素与风险评估等内容。

在测试场地方面，依据测试场景分析对测试场地的需求，并从测试道路和道路设施等方面评估测试场地选择的合理性，如测试道路和道路设施等是否符合相关建设标准要求、道路长度和车道数量等道路属性以及信号灯类型等道路设施属性是否满足测试场景的构建需求。

在测试设备方面，应根据封闭场地测试要求，结合具体测试场景需求，对目标物系统、控制系统、数据采集系统、场景搭建设备等[60]测试工具的关键参数进行约束，以满足相关设备标准要求和实际测试需要，如自动紧急避险测试中，因安全风险高，需要选用满足标准要求[61]的车辆、行人模拟设备，同时数据采集系统应能够获取测试过程中测试车辆与模拟设备之间的相对运动状态信息，以满足测试要求。典型测试设备示例见表5-5。

表5-5 典型测试设备示例

测试设备	设备图示	功能说明
车辆目标物		用于构建与乘用车相关的测试场景（ISO 19206-3：2021）。由自驱动底盘和软体车身组成，能够实现自身的高精度定位和运动轨迹控制
行人目标物		用于构建与行人相关的测试场景（ISO 19206-2：2018），包括成人假人和儿童假人。由假人本体和自驱动装置（皮带牵引或自驱动底盘）组成
自行车目标物		用于构建与自行车相关的测试场景（ISO 19206-4：2020）。由假人本体和自驱动装置（皮带牵引或自驱动底盘）组成
摩托车目标物		用于构建与摩托车相关的测试场景（ISO/DIS 19206-5：2024）。由假人本体和自驱动装置（皮带牵引或自驱动底盘）组成
夜间照明系统		用于构建有路灯的夜间测试场景，其照度可以根据需要进行调节
可移动控制中心		用于监测和控制测试过程，能够实现与所有测试实体的双向数据无线通信，具备带有控制站软件的计算机、定位基站等
驾驶机器人		可以使用踏板和转向执行器来控制车辆或模拟驾驶员输入
数据记录设备		可以采集视频信号、CAN信号、GPS信号等，且能够进行数据同步

测试设备	设备图示	功能说明
气象环境模拟系统		可以模拟雨、雪、雾等天气，构建特殊天气下的测试场景
……	……	……

干扰因素与风险评估主要是从测试车辆、测试设备、测试环境、测试场地、测试人员、测试场景构建和测试执行方法等维度，以试验规范等文件为依据，对可能影响测试场景执行质量或测试结果的因素和潜在的安全风险等进行系统性排查，如测试前检查测试设备状态等。

（2）测试执行

根据测试方案完成测试场景的初步构建，场景应考虑设计运行条件下的道路特征、天气状况等各种要素，并统筹考虑交通组织、道路及附属设施情况，具体要求如下。

① 场景构建要求。

a. 封闭场地测试场景设计应统筹考虑交通组织、道路及附属设施情况，合理布局，且尽量保证不同场景连续测试。

b. 封闭场地测试场景设计应充分考虑绿化和环境保护要求，具备对噪声、空气污染等的监测条件。

② 测试环境要求。

测试环境应能满足设计运行条件需求，并应能够根据设计运行条件模拟降雨、降雪、大雾等恶劣天气，以及大风、雾霾低能见度状态等特殊运行环境。

③ 场景构建流程要求。

a. 构建场景时应先确定测试道路，再根据测试需求选择测试位置，如十字路口、限速路段等。

b. 确定测试道路后，应调试数据采集设备，并对数据进行分析，确定路段无电磁干扰，以保证正式测试时采集数据的准确性。

c. 根据场景参数及测试车辆位置确定目标物的位置、路径及移动速度，并进行目标物及相关设备安装，完成场景构建。

④ 测试设备及人员要求。

a. 测试设备应经过计量校准，数据采集精度满足相关要求。

b. 目标物无损坏，技术参数符合相关标准，目标物应能够重复使用，不应轻易损坏，且不应对被测车辆造成损坏。

c. 测试人员应接受过相关设备的操作培训。

⑤ 场景设计精度要求。

构建封闭场地测试场景所应用的测试车辆、目标物等，其相关数据应满足一定的误差要求，以保证测试场景具备真实性、可靠性，如测试车辆和目标物移动速度误差≤ ±0.1km/h 等。

场景构建完成后，通过专家知识分析具体场景执行需求及安全注意事项，从较低车速（如≤ 30km/h）场景开始预测试，并逐步将车速提升至场景要求的测试车速。预测试用于确认测试过程中的残余风险以及评估测试场景执行质量。场景执行质量根据构建场景参数与期望场景参数一致性进行评估，若一致性范围可接受，则场景参数设置合理，否则应分析偏差原因，并调整场景构建参数。场景执行质量和测试风险程度满足测试要求即可开展正式测试。

在正式测试过程中，每次测试完成后，应立即查看测试数据，根据实际测试参数与理想测试参数的误差等指标评估测试的有效性。同时，应时刻关注测试风险程度和场景执行质量的影响因素变化（如天气、路面摩擦系数等），当测试风险程度或场景执行质量不满足要求时，需及时终止测试。

（3）测试评估

根据信号的时域和频域特征，采用合适的方法对采集设备记录的有效测试数据进行处理，以提取测试的场景片段和性能指标等信息。

基于处理后的测试数据，从安全角度对测试结果进行评估，其中安全性指标包括改进碰撞时间（Modified Time to Collision，MTTC）、碰撞时间、车头时距（Time Headway，THW）等，指标阈值依据人类驾驶数据、安全分析结果、技术标准和规范等确定。若测试满足安全性指标要求，则视为测试通过，否则视为测试失败。

7. 小结

5.1.4 小节立足于第三方视角，在智能网联汽车基于场景的测试方法研究的基础上，提出了基于场景的自动驾驶汽车封闭场地测试方法。针对封闭场地测试方法，分别从测试需求分析、测试场景可实施性与覆盖性分析、评估指标确定、测试评估实施等方面给出了具体的要求和实施方法，以实现自动驾驶汽车封闭场地测试的可靠性、科学性和规范化，在有效验证智能网联汽车封闭场地测试安全性的同时，为整车的综合安全测试评估提供支撑。

5.1.5　实际道路测试

在量产前，应在实际道路上对智能网联汽车进行充分的安全测试评估。在实际道路随机交通条件下，结合我国的道路交通特点，考虑场景的随机性、多样性、复杂性，研究符合我国道路交通特点的智能网联汽车实际道路测试方法，可以为智能网联汽车安全综合测试评估提供技术参考。

当前，国内外研究机构针对智能网联汽车实际道路测试方法已有一定的研究基础。欧盟的 AdaptIVe（ Automated Driving Applications and Technologies for Intelligent Vehicles ）项目[62]，基于产品应用提出了实际道路测试过程中期望遇到的功能场景，利用 euroFOT（ European Field Operational Test on Active Safety Functions in Vehicles ）项目的数据和累积泊松分布对自动驾驶功能场景重复一定次数所需的最小测试里程进行了估计。由于自动驾驶系统及其所面临环境的复杂性，随着自动驾驶技术的发展，实际道路测试工作呈指数级增长。ARIEF 等[63]提出了一种用于实际道路测试的加速部署框架，通过自适应地选择有意义且安全的环境来部署测试车辆，实现了对自动驾驶性能的准确估计，且评估时间更短，部署风险更低。UN/WP.29 VMAD 非正式工作组[8]建议根据自动驾驶功能应用提出非详尽的功能场景最小基线集合，并基于安全要求和功能场景提出实际道路测试矩阵的初步框架设想，但暂未提出可应用的测试方法，也未对测试里程做深入研究。综上所述，针对自动驾驶功能的智能网联汽车实际道路测试方法的研究，目前仍缺少测试场景覆盖、测试评估指标等方面的研究，且尚未形成成熟、系统的测试评估方法。

为了平衡自动驾驶安全要求与测试里程、测试时长的关系，保障在安全、有效评估的前提下降低测试成本、提升测试效率，本小节从第三方视角出发，在智能网联汽车基于场景的自动驾驶测试方法研究的基础上，首先构建实际道路测试评估方法框架；然后对测试需求进行分析，给出实际道路测试基本原则，并重点对测试覆盖度和测试评估指标进行分析；最后结合自动驾驶实际应用，对实际道路测试评估的具体实施方法进行研究。

1. 总体研究框架

实际道路测试的测试输入应至少包括自动驾驶产品信息、模拟仿真测试数据和封闭场地测试数据。在此基础上分析测试需求，包括考虑 ODC 要素覆盖、测试连贯性、风险可控性的测试道路选择需求，以及考虑与模拟仿真测试及封闭场地测试方法协同、ODC 要素组合的测试场景构建需求；结合实际道路测试安全目标，合理选择测试道路，确保测试场景要素的覆盖性；通过测试道路选择、测试计划制订、测试场景覆盖度分析等环节开展具体测试；根据评估内容与行驶安全相关性的强弱，将实际道路测试评估分为关键性能评估、道路场景评估和综合评估 3 个部分，充分考察被测车辆在实际道路真实交通状态下的综合性能表现。总体研究框架如图 5-18 所示。

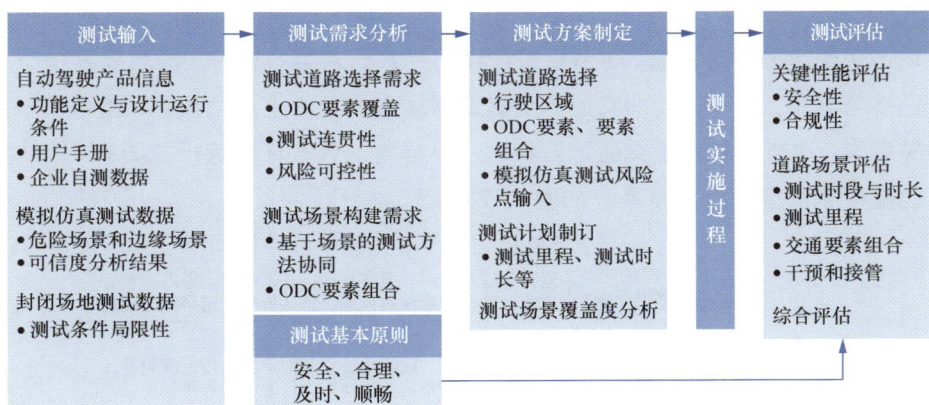

图5-18　实际道路测试总体研究框架

2. 测试需求分析

实际道路测试需求分析主要基于企业声明的设计运行条件识别与响应能力并充分覆盖功能验证要求，选择合适的测试道路。

测试道路选择应能充分覆盖测试场景，且选择的测试场景必须充分考虑车辆自动驾驶功能的 ODD 要素。德国 PEGASUS 项目、国际标准 ISO 34503: 2023 等均提出了设计运行范围描述方法。PEGASUS 采用五层分类法，将场景分为道路集合结构和拓扑结构、交通基础设施（如交通标志等）、道路临时设施（如筑路时临时设施等）、交通参与者（如车辆、行人等）、环境条件及其对其他层级的影响 5 层要素。ISO 34503: 2023 将设计运行范围分为情景、环境条件和动态元素 3 类要素，如图 5-19 所示。

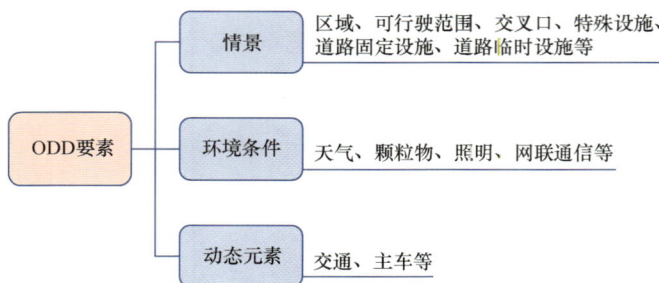

图5-19 ISO 34503: 2023 ODD要素分类

实际道路测试中的场景是各类场景要素的随机组合，本小节基于国内外 ODD 要素分类方法，结合自动驾驶实际道路测试评估实践，根据要素状态将设计运行范围分为静态要素、动态要素和辅助要素三大类。其中，静态要素指不含交通参与者（人、车辆，即交通体）时路网本身的要素，包括道路、道路设施等相关要素；动态要素包括交通运行状态、目标物、天气环境等相关要素；辅助要素包括数字信息等相关要素。如图 5-20 所示。

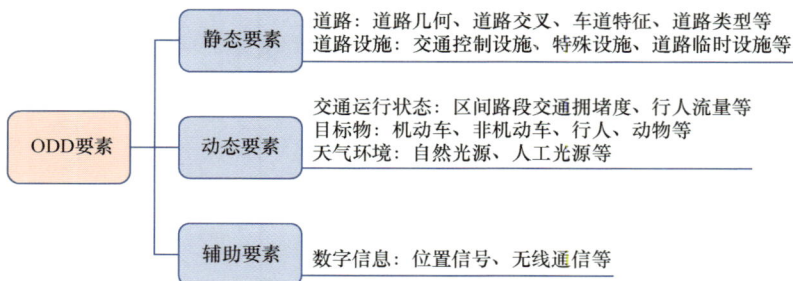

图5-20 ODD要素分类框架

实际道路测试场景是测试道路（如高速公路、城市道路、乡村道路等）与具体驾驶情景（如驾驶任务等）的组合。通过历史交通流统计分析、实际道路交通场景采集分析等方法合理地选择测试道路，结合企业声明的自动驾驶功能定义及设计运行条件，并基于我国典型道路通行规则、道路环境、道路类型、交通流、天气等，有针对性地制订测试计划，保证测试能够覆盖体现我国道路交通特点的实际道路测试场景，充分验证自动驾驶系统的各项能力，并与模拟仿真测试场景和封闭场地测试场景协同，校验结果一致性。

3. 测试基本原则

在自动驾驶实际道路测试过程中，被测车辆应遵循安全、合理、及时、顺畅的原则，具体要求如下。

① 安全：需要评估实际道路测试的安全性，应关注车辆自动驾驶功能的状态转换、驾驶权转移等的条件及过程是否与汽车生产企业的描述一致，并确保车辆在测试期间采用的最小风险策略足够合理且安全。

② 合理：被测车辆应能在正确识别设计运行条件及其边界的基础上，准确做出驾驶决策，实施符合交通通行规则的合理的驾驶行为。车辆驾驶行为应符合其他交通参与者的一般预期，不会对车流速度造成负面影响，不会让其他交通参与者对其行为感到迷惑，不会影响道路交通安全。

③ 及时：被测车辆应能够依据实时道路情况及时采取相关自动驾驶操作，且不会对其他交通参与者产生影响。

④ 顺畅：被测车辆应能流畅、没有阻碍地执行相关驾驶任务，不会频繁地被其他交通参与者打断本车驾驶行为，并且不会导致测试人员执行非策略性干预。

4. 测试场景覆盖度分析

基于被测车辆的自动驾驶功能定义及设计运行条件，并结合我国典型的道路通行规则、道路环境、道路类型、交通流、天气等，对被测车辆实际道路测试场景进行覆盖度分析。

（1）测试道路分类

我国主要按照使用特点对道路进行分类，有城市道路、公路、厂矿道路、林区道路和乡村道路。除对公路和城市道路有准确的等级划分标准外，对林区道路、厂矿道路和乡村道路一般不划分等级。

城市道路按不同的等级划分为快速路、主干路、次干路、支路 4 级 [64]，具体要求如下。

① 快速路：城市道路中设有中央分隔带，具有 4 条以上机动车道，全部或部分采用立体交叉与控制出入，供汽车以较高速度行驶，又称汽车专用道。快速路的设计行车速度为 60 ~ 100km/h。

② 主干路：连接城市各分区的干路，以交通功能为主。主干路的设计行车速度为 40 ~ 60km/h。

③ 次干路：承担主干路与各分区间的交通集散作用，兼有服务功能。次干路的设计行车速度为 30 ~ 50km/h。

④ 支路：次干路与街坊路（小区路）的连接线，以服务功能为主。支路的设计行车速度为 20 ~ 40km/h。

公路是连接各城市、城市和乡村、乡村和厂矿地区的道路。根据交通量、公路使用任务和性质，将公路分为以下 5 个等级 [65]。

① 高速公路：具有特别重要的政治经济意义的公路，有 4 条或 4 条以上车道，并设有中央隔离带，全部立体交叉并具有完善的交通安全设施与管理设施、服务设施，全部控制出入，专供汽车高速行驶。四车道高速公路应能适应年平均日交通量（Annual Average Daily Traffic，AADT）25 000 ~ 55 000 辆，六车道高速公路应能适应 AADT 45 000 ~ 80 000 辆，八车道高速公路应能适应 AADT 60 000 ~ 100 000 辆。

② 一级公路：连接重要政治经济文化中心、部分立交的公路。四车道一级公路应能适应 AADT 15 000 ~ 30 000 辆，六车道一级公路应能适应 AADT 25 000 ~ 55 000 辆。

③ 二级公路：连接政治经济文化中心或大工矿区的干线公路、运输繁忙的城郊公路。双车道二级公路应能适应 AADT 5000 ~ 15 000 辆。

④ 三级公路：连接县及县以上城市的支线公路。双车道三级公路应能适应 AADT 2000 ~ 6000 辆。

⑤ 四级公路：连接县及镇、乡的支线公路。单车道四级公路应能适应 AADT 400 辆以下，双车道四级公路应能适应 AADT 2000 辆以下。

公路设置要求见表 5-6。

表5-6 公路设置要求

公路级别	设计车速/(km·h⁻¹)	双向车道数/条	车道宽度/m	隔离带
高速公路	80/100/120	≥4	3.75	应设
一级公路	60/80/100	≥4	3.5/3.75	应设
二级公路	60/80	2	3.5/3.75	可设
三级公路	30/40	2	3.25/3.5	可设
四级公路	20/30	2或1	3/3.25	不设

根据自动驾驶功能定义及设计运行条件，需要进行实际道路实景分析、研究，保证所选道路类型应能够满足被测车辆自动驾驶功能的实际测试需求。

（2）测试道路选择

实际道路测试最重要的载体是所选择的测试道路，匹配度高的测试道路有助于覆盖被测车辆的自动驾驶功能定义及设计运行条件，实现对自动驾驶功能全面、精确、有效的测试评估。因此，测试道路应能针对被测车辆的自动驾驶功能定义和设计运行条件，并符合实际交通场景测试的要求。同时，测试道路应使实际道路测试具有连贯性，避免过多人工接管、自动驾驶功能场景路段过于单一等问题。此外，测试道路应满足安全管理要求，应对测试道路进行风险评估，制定测试风险预案。

应对选择的测试道路要素进行分析，得到测试道路要素集，并与被测车辆的ODC要素集进行对比，若对比结果高度重合，则说明选择的测试道路能够满足测试匹配度需求，反之则需重新选择测试道路。

（3）测试场景覆盖

对于模拟仿真测试和封闭场地测试来说，需要能够对参与测试的目标车辆、行人等目标物进行精确的控制，以构建具体的测试场景。而对于实际道路测试，被测车辆始终处于随机交通环境中，很难在测试过程中针对测试需求设计测试场景。实际道路测试考核的是被测车辆自动驾驶功能在真实、随机场景下的能力，重点通过测试道路、测试里程或时长、测试时段等的选择，保证关注的测试场景要素的出现。在实际道路测试中，应重点关注被测车辆自动驾驶功能定义及设计运行条件所包含的道路类型、车道数量、天气、交通设施、动态目标物等场景要素。因此，实际道路测试对测试场景覆盖度的要求，关注的是随机交通场景下的动态驾驶任务完成度、ODC 要素覆盖度、交通规则符合性等，应根据被测车辆的自动驾驶功能定义及设计运行条件，结合技术标准和规范、模拟仿真测试和封闭场地测试结果等综合控制实际道路测试的场景要素覆盖，并明确场景要素出现次数、场景要素组合、场景要素重要等级等要求。例如，可以根据测试场景的代表性、暴露概率、严重度、可控性等对场景要素进行分级（如"必须覆盖""建议覆盖"等）。

5. 测试评估指标

为保证智能网联汽车实际道路测试的充分性，应至少从以下 4 个方面共同确定车辆测试的完成情况。

（1）测试时段与时长

实际道路的交通流会随着时间和空间的变化而变化，受到车辆、行人和其他干扰因素的影响，表现出较强的随机性和不确定性。由于工作日、非工作日等驾驶出行的规律性，交通流体现出一定的周期性，即在一定周期范围内，同一路段的交通流表现出周期性的畅通、拥堵等现象。在同一路段、一定时间间隔内，通过交通流周期性的表现可以实现对测试道路交通流规律的预测，有助于实现对不同交通流类型的测试覆盖。

当自动驾驶功能不规定特定的开启时段时，测试时长应遍历 24 小时，并覆盖工作日、非工作日等周期性的交通状况。需要特殊说明的是，不应要求单次测试连续开展 24 小时。若自动驾驶功能规定了特定的开启时段，则测试应遍历自动驾驶功能允许开启的时段。

（2）测试里程

在选择了高匹配度测试道路的基础上，应通过有效的测试里程确保设计运行范围内所包含的道路类型、车道数量、天气、交通设施等要素的覆盖，进而保证测试场景的有效覆盖。有效的测试里程是确保场景要素覆盖的关键指标，需要依据相关技术标准/规范、被测车辆的自动驾驶功能定义及设计运行条件确定基础测试里程，可结合针对模拟仿真测试可信度、模拟仿真测试风险点、封闭场地测试无法构建的仿真风险点场景、被测车辆设计运行条件的特殊要素等的分析，动态调整测试里程，得到实际道路测试的有效测试里程。

（3）交通要素组合

相较于模拟仿真测试和封闭场地测试，实际道路测试的特点在于测试过程中外界交通参与者的随机性，难以保证测试过程中出现特定的场景要素组合，因此在测试过程中，有必要要求被测车辆经历与典型动态目标物交互的跟车、超车、换道、切入、切出等自动驾驶安全测试评估所必需的场景要素组合，保证满足实际道路测试覆盖性的要求。

（4）干预和接管

在实际道路测试过程中，被测车辆的自动驾驶功能在激活条件下出现超出设计运行条件的场景、外界交通参与者的危险行为干扰被测车辆、车辆发生失效等情况导致车辆无法应对安全风险，并在系统发出介入请求或执行最小风险策略时，需要试验人员第一时间干预并接管车辆，确保被测车辆的安全。被测车辆应能提前识别并响应导致介入请求或执行最小风险策略的事件，且车辆的响应方式应符合其自动驾驶功能说明。

6. 测试评估实施

实际道路测试应在被测车辆通过相应的模拟仿真测试和封闭场地测试后开展，测试评估具体实施流程包括测试输入与安全要求分析、测试道路选择、测试计划制订、测试场景覆盖度分析、测试执行，以及测试结果评估等阶段，如图5-21所示。

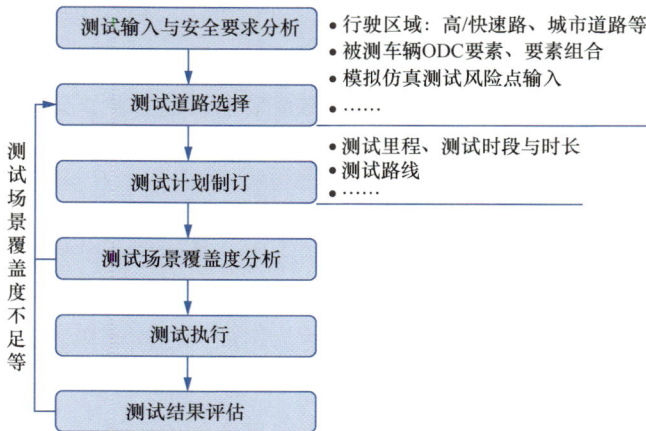

图5-21 实际道路测试评估实施流程

在测试输入与安全要求分析阶段，应对被测车辆的自动驾驶功能定义及设计运行条件等测试输入信息进行系统梳理和分析，形成全面、具体的安全要求与ODC要素清单。在此基础上，结合模拟仿真测试可信度评估结果、模拟仿真测试和封闭场地测试结果等，筛选出实际道路测试期望验证的安全要求以及需要覆盖的 ODC 要素、要素组合等。

在测试道路选择阶段，应在保证安全、合规的前提下，基于期望覆盖的 ODC 要素、要素组合等，对备选测试道路进行针对性调研和分析，统计道路中动/静态要素的分布、类型、发生频率、出现规律等信息，并利用科学、合理、可量化的方法评估测试道路与期望覆盖 ODC 要素、要素组合之间的映射关系，保证所选道路的匹配度。

在测试道路选定后，根据被测车辆信息、安全要求、所选道路特点等制订合理的测试计划，并在此基础上对测试时段与时长、测试里程、测试场景的覆盖度等进行分析，如不满足覆盖度要求，需调整或重新选择测试道路、制订测试计划。测试计划应能综合反映人员、交通、路段、时段等情况，在保证测试充分的同时，尽可能加速测试过程。

在测试执行阶段，应按照制订的测试计划，在预定的测试道路上开展实际道路测试。在测试过程中，应通过试验人员及必要的测试记录设备对被测车辆的行驶表现和运行数据进行记录，以支撑后续的评估工作。

测试执行完成后，应采用科学、合理的方法对测试数据进行处理，并在此基础上按照 ODC 要素、要素组合等的类型进行分类汇总和分析，提取测试评估所需的指标，以判断实际道路测试的充分性以及产品安全要求的符合性。如果测试验证不够充分，还应根据安全要求调整或重新选择测试道路，制订补充测试计划，并进一步进行补充测试。

7. 测试评估

实际道路测试是智能网联汽车上市前最接近真实使用环境的测试，要对车辆在真实交通环境下的表现进行充分的安全评估，仅依靠现有的测试设备是不够的，在部分情况下有必要辅以主观评估。例如，在被测车辆行驶过程中，如果主车行驶较为安全、稳定，但会导致周围其他车辆的行驶节奏发生明显变化，这种情况在实际运行中是不合理的。研究制定合理的测试评估体系，是自动驾驶实际道路测试方法研究的重要内容。

在此，根据评估内容与行驶安全相关性的强弱，将实际道路测试评估分为关键性能评估、道路场景评估和综合评估 3 个部分，其中关键性能评估包括安全性和合规性，道路场景评估包括测试时段与时长、测试里程、交通要素组合以及干预和接管，具体见表 5-7。

表5-7　实际道路测试评估

评估内容		指标说明
关键性能评估	安全性	考察被测车辆是否会对自身及周围的交通参与者产生安全影响，或带来安全隐患
	合规性	考察被测车辆在实际道路上能否按照交通法规、区域通行规则或临时性通行规则要求行驶
道路场景评估	测试时段与时长	考察被测车辆应对不同路段、时段交通流量变化及交通运行状态变化的能力，确保场景要素覆盖
	测试里程	
	交通要素组合	考察车辆与周围交通参与者交互场景的覆盖性，如超车、切入、切出等
	干预和接管	考察车辆在无法应对安全风险时的安全响应能力
综合评估		综合评估被测车辆在真实交通环境下的整体表现

对于不同的评估指标，需根据其特点设置评估原则，可以根据评估指标与安全性相关性的强弱，将指标分为通过性指标和评分指标。通过性指标为与行驶安全强相关的指标，一旦不符合，会对自身和周围的交通参与者产生较大的安全影响，例如碰撞、违反交通规则等。因此，此类指标如未达标，则自动驾驶实际道路测试视为未通过。评分指标是指虽然不会对自身和周围交通参与者的安全产生影响，但频繁发生会影响车辆行驶或交通的流畅性，并带来潜在的安全风险的指标，需要在测试过程中记录并在测试结束后整体评估。

8. 小结

5.1.5 小节基于汽车生产企业的测试输入，对自动驾驶实际道路测试需求进行了分析，确定了相应的测试原则，并在此基础上从第三方视角提出了一套安全、有效的自动驾驶汽车实际道路测试评估方法。5.1.5 小节通过对车辆自动驾驶功能定义及设计运行条件进行分析，结合模拟仿真测试、封闭场地测试的结果等，合理选择了测试道路，并开展了场景覆盖度分析和测试评估指标研究，给出了道路匹配度、测试里程的分析方法，此外，从实际应用的角度给出了实际道路测试的具体实施流程建议。

5.2　软件升级测试评估

通过软件升级可以在车辆应用阶段持续迭代产品功能、提升产品性能，且软件升级范围目前已经从影音娱乐功能逐渐延伸扩展到动力、制动、转向等领域，因此会引起车辆安全、环保、节能、防盗等关键参数和性能的变化，并由此引发一定的安全风险和产品生产一致性管理问题。如何建立系统、有效的智能网联汽车软件升级测试评估方法，保证产品安全和生产一致性是目前亟待解决的现实问题。

在智能网联汽车软件升级测试评估方法方面，国内外相关机构开展了深入的研究和探索。联合国软件升级型式批准技术法规 UN/ECE R156 对车辆的软件升级功能及软件升级活动均提出了相应要求，旨在提高车辆软件升级的安全性、可靠性和合规性，保障车辆的正常运行和道路交通安全。ISO[66] 制定的软件升级工程标准规定了安全升级所需的过程责任，提供了整个车辆生命周期内与软件升级和网络安全相关的技术要求，提出了软件升级活动准备、执行、完成阶段的要求和建议，将软件质量保证、网络安全和安全过程管理应用于软件升级工程活动，以确保车辆的软件升级安全。HALDER 等 [67] 研究了软件升级过程，以及软件升级技术的安全问题和挑战，提出了软件升级安全要求。MAHMOOD 等 [68] 提出了一种基于模型的软件升级安全测试方法，使用攻击树作为输入，自动生成和执行测试用例，集成网络安全测试工具和平台，对汽车软件升级进行安全测试评估。上述研究工作分析了软件升级功能、活动及关键技术，提出了软件升级安全测试评估要求，但在实际应用中还需要重点从软件升级测试评估的系统性、可操作性等方面做进一步的深入研究，以有效应对软件升级广泛应用带来的挑战，满足智能网联汽车的产品安全和生产一致性保障需要。

基于国内外软件升级测试评估方法研究，结合智能网联汽车产品安全和生产一致性管理需求，本节从第三方视角出发，以汽车软件升级安全和生产一致性保障为目标，探索并形成一套系统的智能网联汽车软件升级测试评估方法，针对软件升级功能、软件升级活动分别提出有针对性的测试评估方法。

5.2.1　测试评估总体思路

鉴于软件升级流程复杂、升级范围广的特点，传统的车辆产品测试方法难以支撑实现对软件升级科学、合理、有效的测试评估。参考第 2.2 节中的自动驾驶汽车安全测试评估总体框架，在第 3.5 节的基础上，本小节将软件升级测试评估分为软件升级功能测试评估和软件升级活动评估两部分。同时，为保证汽车产品安全和生产一致性，需要针对软件升级开展监测评估，具体见6.2节中的介绍。智能网联汽车软件升级测试评估的总体框架如图5-22所示。

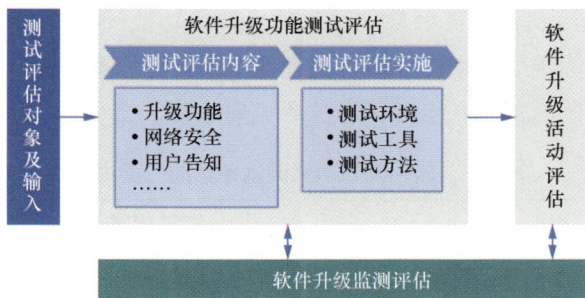

图5-22　智能网联汽车软件升级测试评估的总体框架

软件升级功能测试评估侧重保障车辆能够正确执行软件升级活动，软件升级活动评估则重点关注车辆升级后满足汽车产品安全和生产一致性要求，两者各有侧重，共同支撑智能网联汽车软件升级的综合测试评估工作，保障升级活动安全、有序开展。

基于实际执行顺序，测试评估工作按照软件升级功能测试评估、软件升级活动评估的顺序开展，两种评估在实施频率上有所差异。在有效期内，车辆软件升级功能若未受影响或未发生变化，无须再次开展测试评估；但由于每次软件升级活动的升级内容、升级范围等都存在差异，需要针对每次具体的升级活动进行评估。

5.2.2　测试评估方法

1. 软件升级功能测试评估

（1）测试评估输入

在进行软件升级功能测试评估前，应明确以下测试评估输入：

① 车辆软件版本的防篡改机制；

② 用户告知信息，包括升级执行前用户告知信息、升级后结果告知信息等内容；

③ 软件升级先决条件、电量保障条件；

④ 可能影响车辆安全、驾驶安全的软件升级项目清单。

（2）测试评估内容

软件升级过程中，存在升级失败、恶意劫持、篡改等风险，可能导致车辆异常运行、被远程控制等不良后果，针对软件升级功能开展测试评估，对于保障车辆的安全性至关重要。软件升级功能测试评估应充分覆盖车辆升级功能、网络安全、用户告知等要求，其主要内容具体见表5-8。

表5-8　软件升级功能测试评估的主要内容

测试项目	测试内容
升级功能	先决条件
	电量保障
	车辆安全
	驾驶安全
	升级失败或中断
网络安全	升级包真实性和完整性
	软件版本防篡改
	软件版本更新和读取
用户告知	升级执行前用户告知
	用户确认
	升级后结果告知

升级功能测试的作用主要是确保车辆软件升级功能正常可用，包括先决条件测试、电量保障测试、车辆安全测试、驾驶安全测试、升级失败或中断测试等，具体如下。

① 先决条件测试的作用是确保车辆在满足先决条件的情况下执行升级。

② 电量保障测试的作用是确保车辆在满足电量保障条件的情况下执行升级。

③ 车辆安全测试的作用是在存在影响车辆安全的软件升级项目时，应该采取必要的技术手段保障车辆安全。

④ 驾驶安全测试的作用是在存在影响驾驶安全的软件升级项目时，至少确保升级执行期间无法驾驶车辆、驾驶员不能使用任何可能影响车辆安全或影响成功执行升级的车辆功能。

⑤ 升级失败或中断测试的作用是确保在升级失败或中断后将系统恢复到以

前的可用版本或将车辆置于安全状态。

网络安全测试的作用主要是确保升级过程中免遭网络威胁的影响，包括升级包真实性和完整性测试、软件版本防篡改测试、软件版本更新和读取测试等，具体如下。

① 升级包真实性和完整性测试的作用是确保车辆应保护升级包的真实性、完整性，合理地防止其受到损害并防止无效升级。

② 软件版本防篡改测试的作用是确保车辆保护软件版本免受篡改。

③ 软件版本更新和读取测试的作用是确保车辆具备更新软件版本的能力，并能以标准化的方式易于读取。

用户告知测试的作用主要是确保用户具有知情权和企业履行告知义务，包括升级执行前用户告知测试、用户确认测试、升级后结果告知测试等，具体如下。

① 升级执行前用户告知测试的作用是确保车辆在执行升级前告知用户升级信息，包括升级目的、车辆功能升级所实施的任何变更、完成升级的预计时间、升级执行期间可能不可用的任何车辆功能、可能帮助用户安全执行升级的任何指导信息等。

② 用户确认测试的作用是确保车辆在执行升级前得到用户的确认。

③ 升级后结果告知测试的作用是确保车辆在升级后告知用户车辆升级的结果，包括成功执行的变更、失败处理建议等。

（3）测试评估实施

软件升级功能测试评估的主要对象是智能网联汽车的车端软件系统，主要以整车实车测试的方式开展，测试环境应保证车辆能安全运行。测试工具包括车载自诊断系统（On-Board Diagnostics，OBD）通用诊断仪或读取工具、影音采集设备、升级包篡改工具等。在软件升级功能测试中，使用升级包篡改工具，通过构造签名或证书等方式篡改升级包，使用 OBD 读取工具读取软件版本，使用影音采集设备记录测试过程。测试需按相关标准要求的测试方法开展，实施过程中检查各项测试结果是否满足车辆升级功能、网络安全、用户告知等的具体要求，最后评估软件升级功能是否符合所有要求，并且是否安全、可靠。

2. 软件升级活动评估

（1）评估输入

软件升级活动主要包括软件升级目标识别、车辆配置信息获取、目标解析、升级包发布、活动记录、结果告知等环节[66]。在开展软件升级活动评估前，应输入升级目标车型、本次升级的目标车辆、本次升级的系统和参数、本次升级的功能和参数变化、用户告知内容和方式等信息。

（2）评估实施

软件升级活动评估的重点是开展升级活动影响评估，主要评估以下几个方面：

① 软件升级活动涉及产品安全、节能、环保、防盗等技术性能变化情况；

② 软件升级活动涉及产品安全、节能、环保、防盗等技术参数变更情况；

③ 软件升级活动符合国家法律法规、技术标准及技术规范等相关要求情况；

④ 软件升级活动涉及自动驾驶功能情况。

除此以外，还需要通过与升级目标车型、目标车辆信息进行对比，评估升级包与目标车辆最新已知软件和硬件等配置的兼容性、升级活动影响车辆安全情况、升级失败或中断后的安全机制等内容。需根据上述软件升级活动评估的内容和要求确定需要提供的证明材料，保证汽车产品安全和生产一致性。

5.2.3 小结

5.2 节系统调研了国内外软件升级测试评估方法的相关研究，梳理并提出了智能网联汽车软件升级测试评估方法，从软件升级功能测试评估和软件升级活动评估两方面开展研究，以系统、全面地评估汽车软件升级对汽车产品安全和生产一致性的保障情况。

5.3 数据记录测试

基于 DSSAD、EDR 相关测试评估方法研究及行业实践开展智能网联汽车数据记录系统测试评估方法研究，有助于支撑智能网联汽车安全状态监测、事故溯源及责任鉴定等工作，对推动智能网联汽车产业发展具有十分重要的意义。

5.3.1　数据记录系统

1. DSSAD

DSSAD 是在搭载自动驾驶系统的车辆上装备的，在自动驾驶系统激活期间具备监测、采集、记录和存储数据功能，并支持数据读取的系统[69]。DSSAD 的主要用途是通过充分记录与自动驾驶系统相关的数据（如车辆状态及动态信息、自动驾驶系统运行信息、行车环境信息、驾乘人员操作及状态信息、故障信息等）来界定车辆的驾驶模式，特别是在驾驶模式切换的短暂过程中的状态变化。

目前汽车生产企业实现 DSSAD 主要采用两种方案：一是将数据记录模块集成在域控制器内，通过与各控制器的通信对感知、决策、控制、执行等信号进行存储[70]，如图 5-23（a）所示；二是通过单独的数据记录装置对自动驾驶关键数据进行记录，并进行有一定优先级的数据覆盖存储，如图 5-23（b）所示。

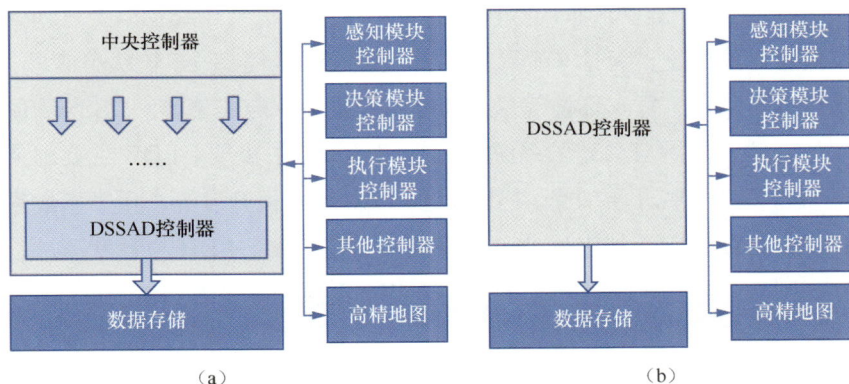

图5-23　典型DSSAD的实现方案

2. EDR

EDR 由一个或多个车载电子模块构成，是具有监测、采集并记录碰撞事件发生前、发生时和发生后车辆和驾乘人员保护系统的数据功能的装置或系统[27]。EDR 也被称为汽车的"黑匣子"，一般集成在气囊控制器模块中，由碰撞事件触发数据记录，若在一定时间内检测到车辆的横向或者纵向速度变化超过一定的阈值，就认为发生了碰撞事件，EDR 将记录事件前后的相关车辆数据，包括车速、挡位、油门/制动踏板开度等信息。EDR 的信号流及控制逻辑如图 5-24 所示。

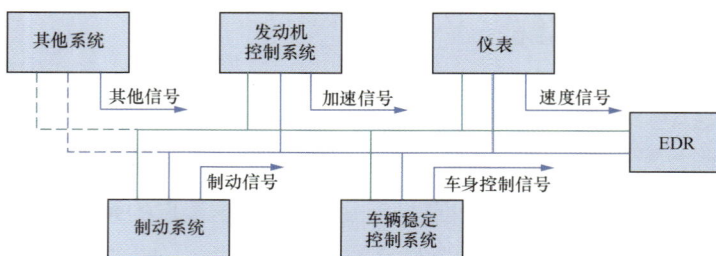

图5-24　EDR的信号流及控制逻辑

与 DSSAD 相比，EDR 侧重于记录碰撞事件发生时车辆的相关数据：一方面，提供数据支持，用于客观判断碰撞事件产生的原因；另一方面，为改善车辆安全相关系统提供依据，避免类似碰撞事件再次发生。

3. DSSAD 与 EDR 的区别

DSSAD 和 EDR 的主要区别在于应用场景、记录的数据类型以及触发方式不同。DSSAD 是自动驾驶汽车的数据存储系统，主要记录 3 级及以上自动驾驶系统中车辆特定的数据，包括车辆及自动驾驶系统基本信息、车辆状态信息、自动驾驶系统运行信息、行车环境信息、驾驶员操作及状态信息等。DSSAD 的记录是连续的，对于理解自动驾驶系统的运行和决策至关重要。EDR 主要记录碰撞前后车辆的关键信息，如车速、挡位、油门 / 制动踏板开度等，用于事故重建和责任判定，帮助确定事故发生的具体原因和责任归属。EDR 的触发通常是由车辆速度剧烈变化等特定事件引起的。两者的主要区别如图 5-25 所示。

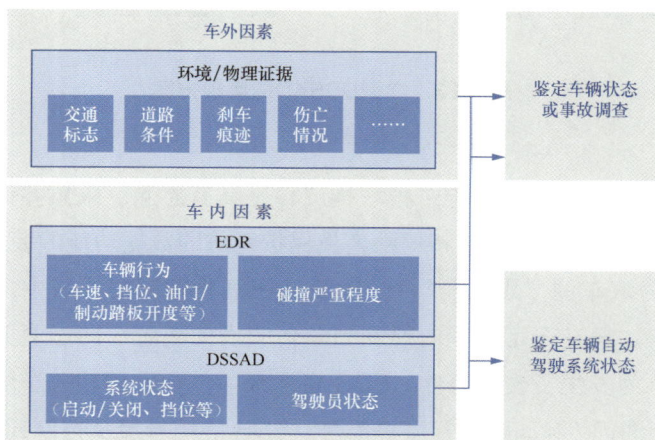

图5-25　DSSAD与EDR的主要区别

5.3.2　测试评估总体思路

1. 测试方法

数据记录系统需要准确、真实、完备地记录汽车子系统所产生的重要数据，并在适用时提供不被破坏或篡改的数据。因此，需要对数据记录系统进行测试评估，以确保所记录数据的完整性、准确性和不可抵赖性，保障数据应用的可靠性。针对数据记录系统，可采用实车测试和台架测试两种方式进行功能验证，辅以环境测试验证产品的环境适应性。分别从功能覆盖、验证特点以及适用性3个方面对实车测试与台架测试进行对比分析，见表 5-9。

表5-9　实车测试与台架测试方法对比[71]

测试方式	功能覆盖	验证特点	适用性
实车测试	特定功能	通过实车进行功能测试抽查验证，可对功能进行逻辑验证	整车
台架测试	全面覆盖	通过模拟信号注入进行分析，可对功能进行准确性验证	整车 零部件

实车测试主要用于对数据记录系统与整车集成性能和可靠性进行验证，包括数据在采集、传输、记录和读取流程的一致性，通过对比真实状态下的试验设备测量值与数据记录系统存储数据进行验证。

台架测试通过测试台架模拟车辆产生数据并与外部信号交互，可以满足在危险工况下进行技术要求验证（如碰撞发生时的数据记录的验证）、进行长时间技术要求验证（如存储容量、存储机制的验证）以及对系统进行较底层的性能测试（如数据记录同步性、记录读取协议一致性、数据加密的测试）等专项测试的需求。

2. 测试项目

数据记录系统关注在与目标相关的时间或过程中车辆子系统产生的重要数据。可以通过实车测试和台架测试等方法，触发数据记录系统工作，并通过数据读取工具对存储的数据进行解析，评估记录数据的准确性及数据记录功能的有效性。

DSSAD 和 EDR 的测试项目对比见表 5-10。其中，DSSAD 除零部件环境测试外，其余测试项目全部为整车级测试，可根据试验条件选择实车测试或台架测试。

表5-10　DSSAD与EDR的测试项目对比

类型		EDR	DSSAD
实车测试	实验室	碰撞试验	
	场地	模拟撞击试验	触发试验、连续记录触发试验、数据准确性验证试验、存储覆盖机制试验、断电存储试验
台架测试	整车	—	
	零部件	触发试验、存储事件次数试验、存储覆盖机制试验、断电存储试验	—
环境测试	零部件	外壳防护试验（防尘和防水）	电气性能试验、防尘防水性能试验、机械性能试验、环境耐候性试验、化学负荷试验、电磁兼容性能试验

5.3.3　测试评估方法

1. 测试评估要求

DSSAD 和 EDR 的测试评估要求可以归纳为总体要求、碰撞事件要求、数据记录要求、数据存储要求、数据读取要求、数据元素要求、数据安全要求、耐撞性能要求、环境适应性要求九大类，具体见表 5-11。

表5-11　数据记录系统测试评估要求

类别	EDR	DSSAD
总体要求	—	分类要求（I型和II型）
碰撞事件要求	触发条件要求、锁定条件要求、碰撞事件起点要求、碰撞事件终点要求、碰撞事件持续时间要求	
数据记录要求	碰撞事件数据记录要求	I型系统数据记录要求 II型系统数据记录要求
数据存储要求	事件触发要求、存储介质要求、存储覆盖机制要求、断电存储要求、存储能力要求	
数据读取要求	数据提取符号要求、存储期限要求、其他数据读取要求	整车级和部件级的统一提取要求
	数据提取接口要求、数据提取协议要求	
数据元素要求	数据元素分级要求、数据元素分类要求	
数据安全要求	—	数据安全要求

类别	EDR	DSSAD
耐撞性能要求	碰撞试验要求	
环境适应性要求	—	电气性能要求、防尘防水性能要求、机械性能要求、环境耐候性要求、化学负荷要求、电磁兼容性能要求
	外壳防护要求（防尘防水）	

① 碰撞事件要求：当车辆达到规定的碰撞事件或有碰撞风险事件触发阈值时，数据记录系统应触发记录事件发生前后一段时间内的完整、必要数据。

② 数据记录要求：当某一安全事件触发数据记录系统工作后，EDR 应能记录碰撞事件的完整数据；I 型 DSSAD 应能记录时间戳与时间段事件的完整数据，II 型 DSSAD 应能记录时间戳事件与连续一段时间内的完整、必要数据元素。

③ 数据存储要求：数据记录系统被触发后，应满足存储次数、存储覆盖机制、断电存储等方面的要求。

④ 数据读取要求：数据记录系统记录的数据应能通过约定的数据提取接口和协议被正确提取并解析。

⑤ 数据元素要求：数据记录系统记录的数据元素应分为两级，其中 A 等级数据元素为配备数据记录系统必须记录的数据元素，B 等级数据元素为配备了数据记录系统及相应装置与功能的车辆应记录的数据元素。DSSAD 数据元素分为自动驾驶基本信息、车辆状态及动态信息、自动驾驶运行信息、行车环境信息、驾乘人员操作信息及状态信息。

⑥ 数据安全要求：数据记录系统应保证记录的数据的完整性和真实性，以防止数据被篡改、恶意删除和伪造，当数据的完整性和真实性遭到破坏时，应能通过技术手段识别并进行日志记录。

⑦ 耐撞性能要求：数据记录系统记录的数据在高速碰撞试验后仍应保存完好。

⑧ 环境适应性要求：数据记录系统在电气性能、防尘防水性能、机械性能、环境耐候性、化学负荷、电磁兼容性能等方面应具备环境防护能力。

2. 测试评估流程

根据测试评估要求，数据记录系统测试评估流程如图 5-26 所示。

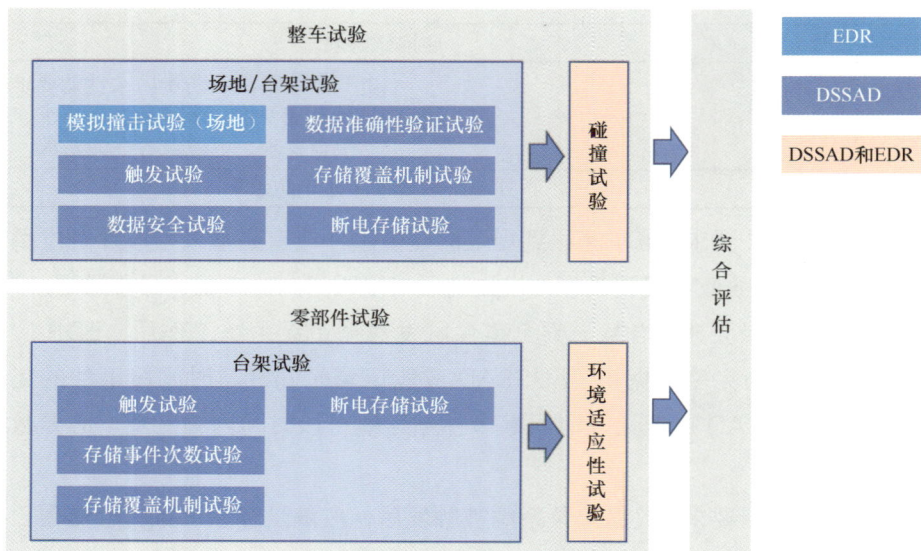

图5-26 数据记录系统测试评估流程

3. 测试实施

（1）测试准备

对于碰撞试验，试验前应将实验室纵向或横向加速度传感器安装在车辆的纵向中心平面内或附近。

对于实车试验，试验场地应具有良好的路面附着能力，交通标志和标线清晰可见，且具备试验车辆自动驾驶功能激活的必要条件。

对于台架试验，汽车生产企业需提供可与数据记录系统控制器连接的且具备总线信号、以太网信号等模拟功能的测试箱，模拟发送真实车辆状态下数据记录系统控制器的外围信号。

在数据读取工具方面，汽车生产企业应提供数据读取工具，基于 CAN 总线、K 线、以太网等形式，提供支持数据解析协议的提取接口，对从数据记录系统中提取的数据进行转义解析并读取。

（2）实车场地／台架试验

① EDR 模拟撞击试验。

在测试场地操控配备 EDR 的车辆，触发 EDR 碰撞阈值并记录数据。利用数据读取工具对 EDR 内的数据进行读取，测试 EDR 是否记录了本次试验触发数据，并对比 EDR 所记录的数据和真值数据，验证数据记录功能是否符合数据元素记录精度、频率等要求。

② DSSAD 触发试验。

在测试场地操控配备 DSSAD 的车辆或在试验台架上注入特定信号，激活车辆的自动驾驶系统并使其稳定运行，操控车辆或注入 DSSAD 记录阈值信号，触发数据记录功能，测试 DSSAD 的数据记录能力。

a. 时间戳事件触发试验，重点测试 DSSAD 是否能准确记录试验要求次数的连续触发的时间戳事件。

b. 时间段事件触发试验，重点测试 DSSAD 是否能准确记录试验要求次数的连续触发的完整时间段事件。

c. 连续记录触发试验，重点测试 II 型 DSSAD 是否能连续、准确记录试验要求时长的数据元素。

③ DSSAD 数据准确性验证试验。

按照上述触发试验方法激活 DSSAD 的数据记录功能，利用数据读取工具对 DSSAD 内的数据进行读取，测试数据记录系统所记录数据的可读性，并对比 DSSAD 所记录的数据和真值数据，验证数据记录功能是否符合数据元素记录准确度、分辨率、频率等要求。

需要注意，数据记录系统的所有实车场地/台架试验内容，最终步骤均为数据准确性验证试验，以确保数据记录系统对数据元素按照规定的频率、精度、事件起始点及终点进行准确记录。后续试验方法不再重复叙述。

④ DSSAD 存储覆盖机制试验。

按照上述触发试验方法激活 DSSAD 的数据记录功能，通过数据读取工具读取数据，测试 DSSAD 的存储覆盖机制。

a. 时间戳事件存储覆盖机制试验，重点测试 DSSAD 记录的时间戳事件是否按照先进先出的原则进行覆盖，且时间戳事件数据和时间段事件数据不可互相覆盖。

b. 非锁定时间段事件存储覆盖机制试验，重点测试 DSSAD 记录的时间段事件是否按照先进先出的原则进行覆盖，碰撞事件数据不可被有碰撞风险事件数据覆盖，且非锁定事件不可覆盖锁定事件。

c. 锁定事件存储覆盖机制试验，重点测试 DSSAD 记录的锁定事件是否不可被后续锁定事件覆盖。

d. 连续存储覆盖机制试验，重点测试 II 型 DSSAD 实时连续记录的数据与时间戳事件数据是否不可互相覆盖。

⑤ DSSAD 断电存储试验。

DSSAD 断电存储试验，测试 DSSAD 记录非锁定时间段事件记录起点到断电事件起点区间内的数据记录能力。

⑥ DSSAD 数据安全试验。

a. 系统安全启动试验，重点测试 DSSAD 的可信根、引导加载程序、系统固件被篡改后是否能正常启动。

b. 数据完整性保护试验，重点测试 DSSAD 是否对存储数据进行完整性保护，是否识别并记录对数据的修改、删除、伪造等操作。

（3）实车碰撞试验

实车碰撞试验通常与整车正面碰撞[72]、侧面碰撞[73] 等试验同步开展。

（4）零部件台架试验

① EDR 触发试验。

通过测试台架，向 EDR 注入触发事件记录阈值冲击波信号[27]，触发 EDR 能够记录新的非锁定事件。

利用数据读取工具对 EDR 内的数据进行读取，验证数据的可读性。同时，与测试台架注入信号的预设值进行对比，验证 EDR 数据记录的准确性。后续试验方法不再重复叙述。

② EDR 存储事件次数试验。

按照上述触发试验方法，向 EDR 连续重复注入触发事件记录阈值冲击波信号。利用数据读取工具对 EDR 内的数据进行读取，测试 EDR 能否准确记录本次试验中连续触发事件的完整数据记录，且记录时间能否涵盖事件记录起点到终点的时间区间。

③ EDR 存储覆盖机制试验。

按照上述触发试验方法激活 EDR 的数据记录功能，通过数据读取工具读取数据，测试 EDR 存储覆盖机制。

a. 非锁定事件存储覆盖机制试验，重点测试 EDR 新记录的非锁定事件是否按照先进先出的原则进行覆盖。

b. 锁定事件存储覆盖机制试验，重点测试 EDR 试验前的数据是否未被新触发的锁定事件覆盖。

④ EDR 断电存储试验。

通过测试台架，对 EDR 施加断电存储冲击波信号 [27]，模拟碰撞事件发生后系统断电的情况。通过数据读取工具读取数据，测试 EDR 能否记录从事件发生起始阶段到断电之后一定时间内的所有数据。

（5）零部件环境适应性试验

应对数据记录系统的电气性能、防水防尘性能、机械性能、环境耐候性、化学负荷、电磁兼容性能等环境适应性进行试验 [74]，每项试验完成后，检测数据记录系统是否损坏、功能是否完整，能否满足记录数据元素准确性、一致性的基本要求，是否可以正常持续记录数据。

4. 综合评估

（1）数据读取功能与数据元素记录准确性评估

数据记录系统触发事件记录后通过数据读取工具解析数据，若记录数据与真值数据或测试台架预设值一致，且记录数据的类型、频率、准确度等满足标准中自动驾驶基本信息、车辆状态及动态信息、自动驾驶系统运行信息、行车环境信息、驾乘人员操作信息及状态信息各项 A 等级数据元素的最低要求，则数据记录系统数据记录的准确性与数据读取的一致性符合要求。

（2）数据记录能力评估

① 锁定事件记录能力评估。

连续触发碰撞锁定事件，若 DSSAD、EDR 能记录试验要求次数的连续触发事件的完整数据，且记录时间能涵盖事件记录起点到终点的时间区间，则数据记录系统符合对锁定事件记录的要求。

② 时间戳事件记录能力评估。

时间戳事件触发试验中，若 DSSAD 能记录试验要求次数的时间戳事件，则 DSSAD 对时间戳事件的记录能力符合要求。

③ 连续记录能力评估。

连续记录触发试验中，若 II 型 DSSAD 能记录与测试台架预设值一致的自动驾驶系统激活后的数据，且满足连续记录时长要求，则连续记录能力符合要求。

（3）存储功能评估

① 非锁定事件存储覆盖机制评估。

非锁定事件存储覆盖机制试验中，若新记录的碰撞风险事件数据不可覆盖原有的非锁定碰撞风险事件数据，且时间段事件数据与时间戳事件数据不可相互覆盖，其他情况按照时间顺序依次覆盖，则非锁定事件存储覆盖机制符合要求。

② 锁定事件存储覆盖机制评估。

锁定事件存储覆盖机制试验中，若数据记录系统试验前的锁定事件数据未被后续事件数据覆盖，则锁定事件存储覆盖机制符合要求。

③ 断电存储评估。

断电存储试验结束后，数据记录系统重新上电并读取内部存储数据。若EDR 记录了断电前事件发生到断电后一定时间内的所有数据，且与测试台架注入信号预设值一致，则断电存储符合要求；若 DSSAD 记录了事件起点至断电起点的完整数据，则符合断电存储的要求。

（4）数据安全能力评估

数据安全试验中，若外部工具不可通过 DSSAD 外部接口进入系统，或进入系统后，DSSAD 对记录数据的修改、删除和伪造等操作可识别和记录，则系统的数据安全能力符合要求。

（5）耐撞性评估

在试验车辆发生碰撞后，提取其数据记录系统的数据与试验真值进行对比，若误差在规定范围内且记录的碰撞事件数据准确、完整，则数据记录系统的耐撞性符合要求。

（6）环境防护能力评估

若数据记录系统的电气性能、防尘防水性能、机械性能、环境耐候性、化学负荷、电磁兼容性能等环境防护能力达到车辆电气及电子设备环境防护要求，则数据记录系统的环境防护能力符合要求。

5.3.4　小结

5.3 节针对智能网联汽车数据记录系统测试评估方法开展了研究，分析并总结了 EDR 与 DSSAD 的异同点，提出了一套考虑准确性、有效性的智能网联汽车数据记录系统测试评估方法。

5.4　网络安全和数据安全测试

智能网联汽车的网络安全和数据安全测试主要包括外部连接安全测试、通信安全测试、软件升级安全测试以及数据安全测试 4 个方面，本节将依次介绍各类测试针对的主要安全问题及其测试评估方法。需要注意的是，这里仅列举出了部分有代表性的测试评估项及对应的测试评估方法，测试服务机构、汽车生产企业等还应针对具体的测试对象和实际测试需要，制定更系统、全面的网络安全测试评估细则。

5.4.1　外部连接安全测试

智能网联汽车的外部连接安全测试主要包括通用安全测试、远程控制安全测试、第三方应用安全测试、外部接口安全测试 4 个方面。

1. 通用安全测试

（1）系统漏洞安全测试

使用漏洞扫描工具对车辆外部连接系统进行漏洞扫描，并将测试结果与权威漏洞平台公布的安全漏洞清单和汽车生产企业提供的车辆外部连接系统漏洞处置方案进行比对，测试车辆是否满足要求。

（2）非业务必要网络端口安全测试

基于汽车生产企业提供的车辆业务端口列表，通过无线局域网（Wireless Local Area Network，WLAN）、车载以太网、蜂窝网络等通信通道将测试车辆与扫描测试设备组网，使用扫描测试设备测试车辆开放端口，并将测试得到的车辆开放端口列表与车辆业务端口列表进行比对，测试车辆是否满足要求。

2. 远程控制安全测试

（1）真实性和完整性验证安全测试

登录车辆远程控制程序账户，测试是否可以触发正常的车辆远程控制指令，然后伪造、篡改并发送车辆远程控制指令，重点检查是否可以伪造、篡改该指令以及车辆是否执行该指令。

（2）远程控制指令权限控制安全测试

基于汽车生产企业提供的车辆远程控制指令应用场景和使用权限文件，构造并发送超出权限的远程控制指令，测试车辆是否满足要求。

（3）安全日志记录安全测试

触发车辆的远程控制功能，检查是否存在安全日志，以及安全日志记录的内容是否包含远程控制指令的时间、发送主体、远程控制对象、操作结果等信息。此外，还需要检查安全日志记录的时间跨度或留存安全日志的能力是否满足相应的要求。

（4）完整性安全测试

基于汽车生产企业提供的车辆远程控制功能系统完整性验证功能的证明文件，测试车辆是否满足要求。

3. 第三方应用安全测试

（1）真实性和完整性验证安全测试

针对已获得授权的第三方应用，篡改其代码，安装并执行篡改后的授权第三方应用，测试车辆是否满足要求。

（2）访问控制安全测试

安装非授权的第三方应用，测试车辆是否进行提示；使用已安装的非授权的第三方应用访问超出访问控制权限的资源，验证是否可以访问控制权限外的资源。

4. 外部接口安全测试

（1）外部接口访问控制安全测试

基于汽车生产企业提供的车辆外部接口的总结文档或车辆外部接口清单，使用非授权的用户账户或工具访问车辆的外部接口，测试车辆是否满足要求。

（2）USB 接口、SD 卡接口访问控制安全测试

基于汽车生产企业提供的 USB 接口、SD 卡接口的总结文档或 USB 接口、SD 卡接口支持的文件类型清单，分别在具备 USB 接口、SD 卡接口的移动存储介质中注入指定格式文件、指定签名的应用软件和其他非指定格式文件以及非指定签名的应用软件，将移动存储介质分别连接到车辆 USB 接口、SD 卡接口，尝试执行非指定格式文件和非指定签名的应用软件，测试车辆是否满足要求。

（3）USB 接口防病毒安全测试

在具备 USB 接口的移动存储介质中注入病毒文件，将移动存储介质连接到车辆 USB 接口，尝试执行病毒文件，测试车辆是否满足要求。

（4）诊断接口身份鉴别安全测试

使用非授权用户身份或工具在诊断接口发送车辆关键配置及标定参数的写操作指令，测试车辆是否执行该操作指令；使用工具在诊断接口发送车辆关键配置及标定参数的写操作指令，测试车辆是否存在访问控制机制。

5.4.2　通信安全测试

智能网联汽车的通信方式可以分为车内通信与车外通信，车内通信方式主要包括 CAN、LIN、FlexRay、MOST、以太网等车载总线；车外通信方式按照通信距离可分为远距离通信（如 4G/5G 移动网络、无线电等）、中短距离通信（如 V2X、车载 Wi-Fi、车载蓝牙等）和有线通信（如 USB 接口、OBD-II 接口等）。通信安全测试主要包括云平台通信身份真实性验证安全测试、V2X 通信身份认证安全测试、通信通道完整性安全测试、防非授权操作安全测试、关键指令数据有效性或唯一性验证安全测试等相关内容。

1. 云平台通信身份真实性验证安全测试

针对汽车生产企业提供的云平台清单及采用的通信协议类型，有针对性地开展测试，测试车辆是否满足要求。

① 若车辆与汽车生产企业云平台采用专用网络或虚拟专用网络环境进行通信，应基于企业提供的车辆云平台通信身份真实性的证明文件，确认车辆是否满足要求。

② 若车辆与汽车生产企业云平台采用公共网络环境进行通信，且使用公有通信协议，应使用网络数据抓包工具进行数据抓包，解析通信报文数据，检查车辆是否对汽车生产企业云平台进行身份真实性验证。若采用网络数据抓包工具无法进行数据抓包，可基于企业提供的车辆云平台通信身份真实性的证明文件，确认车辆是否满足要求。

③ 若车辆与汽车生产企业云平台采用公共网络环境进行通信，且使用私有通信协议，可基于企业提供的车辆云平台通信身份真实性的证明文件，确认车

辆是否满足要求。

2. V2X 通信身份认证安全测试

① 由测试设备向测试车辆下发合法证书并与测试车辆进行正常通信，测试车辆是否能够接收测试设备的直连通信消息。

② 分别构造失效证书和身份伪造证书，并向车辆发送通信消息，测试车辆是否能够识别失效证书和身份伪造证书。

3. 通信通道完整性安全测试

基于汽车生产企业提供的车辆移动蜂窝通信、WLAN、蓝牙等外部通信通道清单，依次触发车辆外部无线通信数据传输，并使用测试设备对车辆外部无线通信通道数据进行抓包，检查通道是否采用完整性保护机制。若使用测试设备无法对车辆移动蜂窝通信的数据进行抓包，可基于企业提供的车辆移动蜂窝通信通道完整性保护证明文件，确认车辆是否满足要求。

4. 防非授权操作安全测试

使用非授权身份通过车辆外部通信通道对车辆的数据依次进行超出访问控制机制的操作、清除和写入，检查是否可以操作、清除和写入数据，测试车辆是否满足要求。

5. 关键指令数据有效性或唯一性验证安全测试

基于汽车生产企业提供的关键指令数据列表，使用测试设备录制关键指令数据，重新发送录制的指令数据，检查车辆是否做出响应，测试车辆是否满足要求。

6. 敏感个人信息保密性安全测试

针对汽车生产企业提供的车辆向外传输敏感个人信息的功能清单，触发车辆向外传输敏感个人信息的功能，基于汽车生产企业提供的端口和访问权限抓取传输的数据包，检查车辆是否对传输的敏感个人信息进行加密，测试车辆是否满足要求。

7. 防御物理操纵攻击安全测试

针对汽车生产企业提供的测试车辆与外部直接无线通信的零部件清单，使用和测试车辆与外部直接无线通信的零部件型号相同但未授权的零部件替换安装在测试车辆相同的位置，启动车辆，检查零部件是否功能异常或车辆是否有异常部件连接告警，测试车辆是否满足要求。

8. 车辆与外部直接通信零部件防非授权特权访问安全测试

针对汽车生产企业提供的对外直接无线通信零部件系统权限设计方案，测试车辆是否满足要求。

① 若系统只存在特权访问的用户，测试其是否能非授权登录系统。

② 若系统存在或可配置多种权限用户，依据非特权用户登录系统方式进入系统，使用系统提权方法对非特权用户进行提权，测试进行提权操作后的用户是否能进行特权访问。

9. 车内安全区域隔离安全测试

针对汽车生产企业提供的通信矩阵和访问控制列表样例，测试车辆是否满足要求。

① 若使用物理隔离措施，测试汽车生产企业提供的物理隔离方案是否有效。

② 若使用逻辑隔离措施，针对汽车生产企业提供的逻辑隔离策略，发送不符合策略的数据帧，在指定的目的端口，测试是否可以接收到不符合策略的数据帧。

10. 拒绝服务攻击识别防护安全测试

按照法规和标准要求，分别在车辆静止和运动状态下，使用拒绝服务攻击测试设备依次攻击车辆的移动蜂窝、V2X、CAN 总线、车载以太网等通信通道，测试车辆是否满足要求。

11. 恶意数据识别安全测试

向车辆发送当前车况非预期的恶意数据，测试车辆是否满足要求。

12. 通信信息安全日志安全测试

针对汽车生产企业提供的车辆关键通信信息安全事件日志记录机制及其存储路径，测试车辆是否满足要求。

① 构建并触发车辆关键通信信息安全事件，测试车辆是否按照关键通信信息安全事件日志记录机制记录该事件。

② 测试车辆通信信息安全日志记录的时间跨度或留存通信信息安全日志的能力是否满足要求。

5.4.3　软件升级安全测试

软件升级分为在线升级和离线升级两种形式，测试内容及方法如下。

1. 通用安全要求测试

（1）安全保护机制测试

针对汽车生产企业提供的车载软件升级系统的可信根、引导加载程序、系统固件的安全保护机制的安全证明文件，确认车辆是否满足要求。

（2）漏洞安全测试

使用漏洞扫描工具对车载软件升级系统进行漏洞扫描，并将测试结果与权威漏洞平台公布的安全漏洞清单和汽车生产企业提供的车载软件升级系统漏洞处置方案进行对比，测试车辆是否满足要求。

2. 在线升级安全测试

（1）服务器身份认证安全测试

针对汽车生产企业提供的在线升级服务器清单及采用的通信协议类型，测试车辆是否满足要求。

① 若车辆与在线升级服务器采用专用网络或虚拟专用网络环境进行通信，可根据企业提供的在线升级服务器身份认证安全功能的证明文件，确认车辆是否满足要求。

② 若车辆与在线升级服务器采用公共网络环境进行通信，且使用公有通信协议，测试人员应使用测试设备进行数据抓包，解析通信报文数据，检查车辆是否对在线升级服务器进行身份真实性验证；中断下载并恢复，使用测试设备进行数据抓包，解析通信报文数据，检查车辆是否重新进行身份真实性验证。若使用测试设备无法进行数据抓包，可根据企业提供的在线升级服务器身份认证安全功能的证明文件，确认车辆是否满足要求。

③ 若车辆与在线升级服务器采用公共网络环境进行通信，且使用私有通信协议，可根据企业提供的在线升级服务器身份认证安全功能的证明文件，确认车辆是否满足要求。

（2）在线升级包真实性和完整性验证安全测试

① 使用汽车生产企业提供的正常升级包触发在线升级，测试升级功能是否正常。

② 确认在线升级功能正常后，构造真实性和完整性被破坏的升级包，并基于汽车生产企业提供的方法和权限，将真实性和完整性被破坏的升级包下载或传输到车端，执行软件升级，测试软件是否能升级成功。若车辆的网络安全

防护机制不支持将真实性和完整性被破坏的升级包下载或传输到车端，则根据汽车生产企业提供的在线升级网络安全防护机制证明文件，确认车辆是否满足要求。

（3）在线升级安全事件日志安全测试

① 构造升级安全事件，测试车辆是否存在在线升级安全事件日志。

② 测试车辆在线升级安全事件日志记录的时间跨度或留存在线升级安全事件日志的能力是否满足相应要求。

3. 离线升级安全测试

（1）使用车载软件升级系统的离线升级安全测试

分别构造被伪造、被篡改的升级包，使用离线升级工具将升级包下载或传输到车载端，执行离线升级，测试车辆是否满足要求。

（2）不使用车载软件升级系统的离线升级安全测试

① 将未经认证的刷写设备接入车辆刷写接口并执行离线升级，测试车辆是否能够识别未经认证的刷写设备；

② 分别构造被伪造、被篡改的升级包，使用刷写接入端接入车辆刷写接口，执行离线升级，测试是否能执行升级或升级是否能成功。

5.4.4 数据安全测试

数据安全测试主要包括密钥防非法获取和访问安全测试、敏感个人信息防泄露安全测试、车辆身份识别数据防非授权删除和修改安全测试、关键数据防非授权删除和修改安全测试、日志文件防修改和非授权删除安全测试、个人信息清除功能测试等内容。

1. 密钥防非法获取和访问安全测试

针对车辆密码使用方案，确认测试零部件，测试车辆是否满足要求。

① 若采取安全访问技术存储密钥，通过零部件访问接口进行破解、提取等攻击操作，测试车辆是否可以进行密钥非授权获取和访问。

② 若采取硬件安全模块存储密钥，应根据硬件安全模块安装位置说明文档，检查车辆是否在文档标识位置安装了硬件安全模块来保护密钥。

③ 若采取安全的软件存储形式存储密钥，应根据汽车生产企业提供的保证

车辆密钥安全存储证明文件，检查车辆是否安全存储密钥。

2. 敏感个人信息防泄露安全测试

针对敏感个人信息功能清单和存储地址清单，确认测试零部件，依次触发车辆记录敏感个人信息的功能，测试车辆是否满足要求。

① 若采取安全访问技术保护存储的敏感个人信息，根据敏感个人信息存储区域和地址范围说明，通过零部件调试接口，使用未添加访问控制权限的用户访问存储的敏感个人信息，测试是否能非授权访问敏感个人信息。

② 若采取加密技术保护存储的敏感个人信息，根据敏感个人信息存储区域和地址范围说明，通过零部件调试接口，使用软件分析工具提取存储的敏感个人信息，测试是否为密文存储。

③ 通过零部件调试接口，对测试零部件进行敏感个人信息检索，测试是否可检索出不在敏感个人信息功能清单和存储地址清单中存储的敏感个人信息。

3. 车辆身份识别数据防非授权删除和修改安全测试

针对车辆内存储的车辆识别码（Vehicle Identification Number，VIN）等用于车辆身份识别的数据清单及存储地址，确认测试零部件，使用软件分析工具非授权删除和修改存储在车辆内的 VIN 等用于车辆身份识别的数据，测试车辆是否满足要求。

4. 关键数据防非授权删除和修改安全测试

针对车辆内存储的关键数据清单及存储的地址，确认测试零部件，通过零部件调试接口，使用软件分析工具篡改存储在车内的关键数据，测试车辆是否满足要求。

5. 日志文件防修改和非授权删除安全测试

针对车辆内存储的安全日志清单及存储的地址，确认测试零部件，测试车辆是否满足要求。

① 依据车辆内存储的安全日志清单及存储的地址，通过零部件调试接口，修改安全日志文件，测试是否可以修改安全日志文件。

② 依据车辆内存储的安全日志清单及存储的地址，通过零部件调试接口，使用软件分析工具测试是否可以非授权删除安全日志文件。

6. 个人信息清除功能测试

针对车辆个人信息清除功能，确认测试零部件，依次触发车辆记录个人信息的功能，清除车辆内存储的个人信息，根据汽车生产企业提供的车辆内存储的个人信息清单及存储的地址，通过零部件调试接口，检查个人信息是否被完全删除，测试车辆是否满足要求。

5.4.5　小结

5.4 节针对智能网联汽车的网络安全和数据安全，分别从外部连接安全测试、通信安全测试、软件升级安全测试、数据安全测试 4 个方面进行了研究，梳理并提出了智能网联汽车网络安全测试评估方法。

参考文献

[1] LEHMANN M, BUMLER M, PROKOP G, et al. Use of a Criticality Metric for Assessment of Critical Traffic Situations as Part of SePIA [M]. Germany: Internationales Stuttgarter Symposium, 2019.

[2] PEGASUS. Pegasus Project [EB/OL]. 2022.

[3] STELLET J E, ZOFKA M R, SCHUMACHER J, et al. Testing of Advanced Driver Assistance Towards Automated Driving: A Survey and Taxonomy on Existing Approaches and Open Questions [C]. 18th IEEE International Conference on Intelligent Transportation Systems, 2015.

[4] PIERSON A, SCHWARTING W, KARAMAN S, et al. Learning Risk Level Set Parameters from Data Sets for Safer Driving [C]. 2019 IEEE Intelligent Vehicles Symposium (IV), 2019.

[5] BATSCH F, KANARACHOS S, CHEAH M, et al. A taxonomy of validation strategies to ensure the safe operation of highly automated vehicles [J]. Journal of Intelligent Transportation Systems, 2022, 26(1): 14-33.

[6] GELDER E D, PAARDEKOOPER J P. Assessment of Automated Driving Systems Using Real-Life Scenarios [C]. 2017 IEEE Intelligent Vehicles Symposium (IV), 2017.

[7] OICA. Future certification of automated/autonomous driving systems [R]. French: OICA, 2019.

[8] Economic Commission for Europe. New Assessment/Test Method for Automated Driving (NATM) Guidelines for Validating Automated Driving Safety (ADS) [Z]. United Nations: Economic Commission for Europe, 2023.

[9] 工业和信息化部. 关于加强智能网联汽车生产企业及产品准入管理的意见 [Z]. 北京: 工业和信息化部, 2021.

[10] FAHRENKROG F, ZLOCKI A, ECKSTEIN L. Bewertung aktiver sicherheit vom test zur

wirksamkeitsanalyse [J]. ATZ-Automobiltechnische Zeitschrift, 2014, 116(1): 34-39.

[11] BREUER J. Bewertungsverfahren von Fahrerassistenzsystemen [M]. Germany: Vieweg Teubner, 2009.

[12] CHRISTOPH K, ARIA E, GIANCARLO A, et al. EuroFOT deliverable D11.3, final report, version 1.1 [R]. 2012.

[13] International Organization for Standardization. ISO 26262: 2018 Road Vehicles— Functional Safety [S]. Geneva: International Organization for Standardization, 2018.

[14] International Organization for Standardization. ISO 21448: 2022 Road Vehicles—Safety of the Intended Functionality [S]. Geneva: International Organization for Standardization, 2022.

[15] International Organization for Standardization, International Electrotechnical Commission. ISO/IEC 17025: 2017 General requirements for the competence of testing and calibration laboratories [S]. Geneva: International Organization for Standardization, International Electrotechnical Commission, 2017.

[16] WINNER H, LEMMER K, FORM T, et al. PEGASUS — first steps for the safe introduction of automated driving [J]. Road Vehicle Automation 5, 2019, 185-195.

[17] Economic Commission for Europe. UN Regulation No.157-01: Uniform Provisions Concerning the Approval of Vehicles with Regard to Automated Lane Keeping Systems [Z]. United Nations: Economic Commission for Europe, 2022.

[18] International Organization for Standardization. ISO 34501: 2022 Road Vehicles— Test Scenarios for Automated Driving Systems—Vocabulary [S]. Geneva: International Organization for Standardization, 2022.

[19] International Organization for Standardization. ISO 34502: 2022 Road Vehicles—Test Scenarios for Automated Driving Systems—Scenario based Safety Evaluation Framework [S]. Geneva: International Organization for Standardization, 2022.

[20] International Organization for Standardization. ISO 34503: 2023 Road Vehicles—Test Scenarios for Automated Driving Systems—Taxonomy for Operational Design Domain [S]. Geneva: International Organization for Standardization, 2023.

[21] International Organization for Standardization. ISO/CD 34504: 2022 Road Vehicles— Test Scenarios for Automated Driving Systems—Scenario Categorization [S]. Geneva: International Organization for Standardization, 2022.

[22] International Organization for Standardization. ISO/AWI 34505: 2022 Road Vehicles—Test Scenarios for Automated Driving Systems—Scenario Evaluation and Test Case Generation [S]. Geneva: International Organization for Standardization, 2022.

[23] Association for Standardization of Automation and Measuring Systems. ASAM OpenSCENARIO: Version 2.0.0 Concepts [Z]. Germany: Association for Standardization of Automation and Measuring Systems, 2020.

[24] MENZEL T, BAGSCHIK G, MAURER M. Scenarios for Development, Test and Validation

of Automated Vehicles [C]. 2018 IEEE Intelligent Vehicles Symposium (IV), 2018: 1-1.

[25] National Highway Traffic Safety Administration. A framework for automated driving system testable cases and scenarios [R]. United States: National Highway Traffic Safety Administration, 2018.

[26] European Commission. Commission Implementing Regulation (EU) 2022/1426 of 5 August 2022: Laying Down Rules for the Application of Regulation (EU) 2019/2144 of the European Parliament and of the Council as Regards Uniform Procedures and Technical Specifications for the Type-Approval of the Automated Driving System (ADS) of Fully Automated Vehicles [Z]. Europe: European Commission, 2022.

[27] 国家市场监督管理总局, 国家标准化管理委员会. GB 39732—2020 汽车事件数据记录系统 [S]. 北京: 中国标准出版社, 2020.

[28] 朱冰, 张培兴, 赵健, 等. 基于场景的自动驾驶汽车虚拟测试研究进展 [J]. 中国公路学报, 2019, 32(6): 1-19.

[29] Economic Commission for Europe. Guidelines and Recommendations for Automated Driving System Safety Requirements, Assessments and Test Methods to Inform Regulatory Development [Z]. United Nations: Economic Commission for Europe, 2024.

[30] Ethics Commission. Automated and connected driving [R]. Germany: Ethics Commission, 2017.

[31] RAND Corporation. Autonomous vehicle technology: a guide for policymakers [R]. United States: RAND Corporation, 2014.

[32] 刘法旺, 曹建永, 张志强, 等. 基于场景的智能网联汽车"三支柱"安全测试评估方法研究 [J]. 汽车工程学报, 2023, 13(1): 1-7.

[33] KIROVSKII O. Determination of validation testing scenarios for an ADAS functionality: case study [J]. SAE Paper, 2019.

[34] DAVISION A J, REID I D, MOLTON N D, et al. MonoSLAM: real-time single camera SLAM [J]. IEEE Transactions on Pattern Analysis and Machine Intelligence, 2007, 29(6): 1052-1067.

[35] GUO J, DENG W, ZHANG S, et al. A novel method of radar modeling for vehicle intelligence [J]. SAE Technical Papers, 2016-01-1892, 2016.

[36] 日本国土交通省. TRIAS 48-R157-01 自动车道保持系统试验（协定规则第157号）[Z]. 日本: 日本国土交通省, 2020.

[37] International Organization for Standardization. ISO 11010-1: 2022 Passenger Cars—Simulation Model Classification—Part 1: Vehicle Dynamics [S]. Geneva: International Organization for Standardization, 2022.

[38] International Organization for Standardization. ISO 22140: 2021 Passenger Cars—Validation of Vehicle Dynamics Simulation—Lateral Transient Response Test Methods [S]. Geneva: International Organization for Standardization, 2021.

[39] SCHÖNER H P. Simulation in development and testing of autonomous vehicles [J].

Germany: 18th Internationales Stuttgarter Symposium, 2018.

[40] British Standards Institution. BSI PAS 1883: 2020 Operational Design Domain (ODD): Taxonomy for an Automated Driving System (ADS)—Specification [S]. London: British Standards Institution, 2020.

[41] WEISSENSTEINER P, STETTINGER G, RUMETSHOFER J, et al. Virtual validation of an automated lane-keeping system with an extended operational design domain [J]. Electronics, 2022, 11(1): 72.

[42] Mcity. Driving progress: 2019 annual report [R]. United States: Mcity, 2019.

[43] SAKURA. Towards the harmonization of safety assessment methods of automated driving [R]. Japan: SAKURA, 2021.

[44] Department for Transport. Automated vehicles in the UK [R]. The United Kingdom: Department for Transport, 2019.

[45] 陈贞. 多场景集多引擎模拟仿真测试服务平台 [R]. 北京：世界智能网联汽车大会，2022.

[46] International Alliance for Mobility Testing and Standardization. International Alliance for Mobility Testing and Standardization™ Best Practice: A Comprehensive Approach for the Validation of Virtual Testing Toolchains [Z]. United States: International Alliance for Mobility Testing and Standardization, 2021.

[47] DONÀ R, CIUFFO B. Virtual testing of automated driving systems: a survey on validation methods [J]. IEEE Access, 2022, 10: 24349-24367.

[48] 国家市场监督管理总局, 国家标准化管理委员会. GB 34590—2022 道路车辆 功能安全 [S]. 北京: 中国标准出版社, 2022.

[49] RIEDMAIER S, DANQUAH B, SCHICK B, et al. Unified framework and survey for model verification, validation and uncertainty quantification [J]. Archives of Computational Methods in Engineering, 2021(1).

[50] Japan Automobile Manufacturers Association, Inc. Automated Driving Safety Evaluation Framework Ver.2.0: Guidelines for Safety Evaluation of Automated Driving Technology [Z]. Japan: Japan Automobile Manufacturers Association, Inc., 2021.

[51] RIEDMAIER S, SCHNEIDER D, WATZENIG D, et al. Model validation and scenario selection for virtual-based homologation of automated vehicles [J]. Applied Sciences, 2021: 11(1): 35.

[52] European Commission. Guidelines on the Exemption Procedure for the EU Approval of Automated Vehicles [Z]. European: European Commission, 2019.

[53] ZHAO D, PENG H. From the lab to the street: solving the challenge of accelerating automated vehicle testing [J]. arXiv: 1707.04792, 2017.

[54] National Highway Traffic Safety Administration. National Automotive Sampling System (NASS) General Estimates System (GES) analytical user's manual 1988—2014 [R]. United States: National Highway Traffic Safety Administration, 2016.

[55] KUSANO K D, GABLER H C. Pre-Crash Scenarios for Determining Target Populations of Active Safety Systems [C]. Proceedings of the 23rd International Technical Conference on the Enhanced Safety of Vehicles (ESV), 2013.

[56] International Organization for Standardization. ISO 15622: 2018 Intelligent Transport Systems—Adaptive Cruise Control Systems—Performance Requirements and Test Procedures [S]. Geneva: International Organization for Standardization, 2018.

[57] International Organization for Standardization. ISO 19237: 2017 Intelligent Transport Systems—Pedestrian Detection and Collision Mitigation Systems (PDCMS)—Performance Requirements and Test Procedures [S]. Geneva: International Organization for Standardization, 2017.

[58] International Organization for Standardization. ISO 22078: 2020 Intelligent Transport Systems—Bicyclist Detection and Collision Mitigation Systems (BDCMS)—Performance Requirements and Test Procedures [S]. Geneva: International Organization for Standardization, 2020.

[59] International Organization for Standardization. ISO/TS 5083: 2022 Road Vehicles—Safety and Cybersecurity for Automated Driving Design, Verification and Validation [S]. Geneva: International Organization for Standardization, 2022.

[60] 全国汽车标准化技术委员会. 智能网联汽车测试设备标准化需求研究报告 [R]. 天津: 全国汽车标准化技术委员会, 2020.

[61] International Organization for Standardization. ISO 19206-3: 2021 Road Vehicles—Test Devices for Target Vehicles, Vulnerable Road Users and other Objects, for Assessment of Active Safety Functions—Part 3: Requirements for Passenger Vehicle 3D Targets [S]. Geneva: International Organization for Standardization, 2021.

[62] RSENER C, FAHRENKROG F, UHLIG A, et al. A Scenario-Based Assessment Approach for Automated Driving by Using Time Series Classification of Human-Driving Behaviour [C]. 2016 IEEE 19th International Conference on Intelligent Transportation Systems (ITSC), 2016.

[63] ARIEF M, GLYNN P, ZHAO D. An Accelerated Approach to Safely and Efficiently Test Pre-Production Autonomous Vehicles on Public Streets [C]. 2018 21st International Conference on Intelligent Transportation Systems (ITSC), 2018.

[64] 中华人民共和国住房和城乡建设部. CJJ 37-2012 城市道路工程设计规范 [S]. 北京: 中国建筑工业出版社, 2012.

[65] 中华人民共和国交通运输部. JTG B01-2014 公路工程技术标准 [S]. 北京: 人民交通出版社, 2014.

[66] International Organization for Standardization. ISO/FDIS 24089: 2022 Road Vehicles—Software Update Engineering [S]. Geneva: International Organization for Standardization, 2022.

[67] HALDER S, GHOSAL A, CONTI M. Secure over-the-air software updates in connected

vehicles: a survey [J]. Computer Networks, 2020, 178: 107343.

[68] MAHMOOD S, FOUILLADE A, NGUYEN H, et al. A Model-based Security Testing Approach for Automotive Over-the-Air Updates [C]. 2020 IEEE International Conference on Software Testing, Verification and Validation Workshops (ICSTW), 2020.

[69] 国家市场监督管理总局, 国家标准化管理委员会. GB 44497—2024 智能网联汽车 自动驾驶数据记录系统 [S]. 北京: 中国标准出版社, 2024.

[70] FRANCOIS G. UN/WP.29自动驾驶技术标准和法规 [R]. 工业经济论坛, 2019.

[71] BEGLEROVIC H, STOLZ M, HORN M. Testing of Autonomous Vehicles Using Surrogate Models and Stochastic Optimization [C]. IEEE 20th International Conference on Intelligent Transportation Systems, 2017.

[72] 国家质量监督检验检疫总局, 国家标准化管理委员会. GB 11551—2014 汽车正面碰撞的乘员保护 [S]. 北京: 中国标准出版社, 2014.

[73] 国家质量监督检验检疫总局, 国家标准化管理委员会. GB 20071—2006 汽车侧面碰撞的乘员保护 [S]. 北京: 中国标准出版社, 2006.

[74] 国家市场监督管理总局, 国家标准化管理委员会. GB/T 28046.1—2011 道路车辆 电气及电子设备的环境条件和试验 第 1 部分: 一般规定 [S]. 北京: 中国标准出版社, 2011.

第 **6** 章

自动驾驶汽车安全
监测评估方法

在软件定义功能、数据驱动设计、OTA 升级应用日趋广泛的背景下，为更好地保障汽车安全测试的真实性和有效性、保证汽车产品安全和生产一致性、完善汽车安全测试评估体系、丰富基础场景库资源，有必要加强自动驾驶汽车安全监测评估方法研究。

6.1 安全事件监测评估

为保障车辆研发测试、示范应用等安全，欧盟依托 "Horizon 2020" "L3Pilot" "HiDrive" 等示范项目，持续推进自动驾驶汽车安全监测技术、数据分析评估方法等探索。NHTSA 将 "自动驾驶汽车透明度和安全测试参与计划（Automated Vehicle Transparency and Engagement for Safe Testing Initiative，AV TEST）" 从试点项目开始逐步扩展，AV TEST 在线监测工具的监测数据覆盖自动驾驶汽车运行区域、部署规模、运营企业、事故状态等，致力于帮助相关方了解自动驾驶技术的能力和局限性，分享最佳实践，促进自动驾驶安全应用和健康竞争。2021 年 7 月，工业和信息化部、公安部、交通运输部三部委联合发布《智能网联汽车道路测试与示范应用管理规范（试行）》，要求智能网联汽车在道路测试过程中应具备车辆状态记录、存储及在线监测功能，能实时回传车辆标识、车辆控制模式、车辆位置以及车辆速度、加速度、行驶方向等运动状态信息，并自动记录和存储车辆事故或失效状况发生前的关键数据。

此外，UN/WP.29 VMAD 非正式工作组[1] 提出了 "多支柱" 安全测试评估方法，明确提出建立车辆在用监测和报告机制，用于安全确认、新场景生成和安全建议，并已在（EU）2022/1426、UNECE R171《关于驾驶员控制辅助系统（DCAS）车辆批准的统一规定》等型式批准法规中应用。NHTSA 发布 2021-01 标准常规命令《自动驾驶系统和 L2 驾驶辅助系统的事故报告》，要求配备 2 级驾驶辅助系统、3 ~ 5 级自动驾驶系统的汽车生产企业、软件提供商和运营商报告事故相关情况。2023 年 11 月，工业和信息化部、公安部、住房和城乡建设部、交通运输部联合发布《关于开展智能网联汽车准入和上路通行试点工作的通知》，要求试点汽车生产企业建立智能网联汽车产品安全监测服务平台，可对试点车辆的安全状态进行监测，并建立报告机制，用于支撑智能网联汽车产品安全性能评估、准入许可评估调整等。

6.1.1　安全事件监测的目的

基础测试评估阶段的安全事件监测，主要针对计划量产的实际道路测试车辆，重点监测其在真实交通环境下的安全表现，用于验证实际道路测试的真实性和有效性，进一步确认模拟仿真测试和封闭场地测试的结果，更好地支撑对自动驾驶汽车产品安全的综合评估。

监测调整阶段的安全事件监测，主要针对已投入使用的车辆。目前，在用车辆的安全事件监测已经成为加强自动驾驶汽车安全管理的重要举措[2-4]。基于汽车生产企业和其他相关来源的数据分析，一是可以进一步确认基础测试评估阶段的安全评估结果，更好地实现对残余风险的管理和控制；二是可以有效支撑对产品安全要求、测试评估方法等管理体系的分析评估，为持续优化自动驾驶汽车安全管理体系提供依据；三是有助于持续发现智能网联汽车使用过程中出现的新的安全事件，丰富、完善基础场景库。

6.1.2　安全事件监测的方式

基于当前实践，开展安全事件监测的数据主要包括基于 EDR、DSSAD 等记录的数据，以及根据用户反馈、媒体报道等获取的事件数据。开展安全事件监测的方式主要分为 3 类：不定期的安全事件及时上报（安全事件触发）、定期的安全报告以及必要的安全事件调查。

1. 事件上报

为了强化汽车生产企业的主体责任、加强自动驾驶汽车安全管理，基于安全保障能力要求，汽车生产企业需要建立自动驾驶汽车安全监测机制。对于涉及自动驾驶系统激活、系统退出、系统发出介入请求、系统启动最小风险策略、严重失效、碰撞、有碰撞风险、安全员操纵系统退出、远程控制（如适用）、软件升级、汽车网络安全和数据安全等关键安全事件，汽车生产企业需要及时上报事件数据、处理情况和改进措施。

2. 安全报告

参考国际法规要求，汽车生产企业需要定期提交自动驾驶应用评估报告，说明自动驾驶汽车的运行情况与企业声明的安全性能以及基础测试评估阶段的评估结果的一致性。如发现新的自动驾驶安全问题，企业应及时报告并制定合理的改进措施，确保安全问题得到充分解决。与自动驾驶相关的有碰撞风险或发生碰撞的安全事件，企业须立即上报事件分析报告。涉及交通违法、交通事故等情形，应该按要求报告处置情况。

3. 事件调查

在自动驾驶汽车的使用过程中，如有事故或重大安全事件发生，行业主管部门可视情况开展必要的调查工作，分析事故或安全事件发生的原因，加强对车辆自动驾驶安全测试评估结果的跟踪评估，持续优化、完善自动驾驶汽车安全管理体系。

6.2 软件升级监测评估

为了确保进行软件升级的车辆产品持续符合技术法规、标准等要求，保证汽车产品安全和生产一致性，联合国制定的车辆软件升级技术法规 UN/ECE R156 对汽车生产企业的软件升级管理系统和车辆软件升级功能提出了要求。该法规于 2020 年 6 月通过，适用于签署《关于采用统一条件批准机动车辆装备和部件并相互承认此批准的协定书》的成员国。目前，欧盟、日本已将 UN/ECE R156 法规纳入各自的车辆产品型式批准要求，并规定生产的新车自 2022 年 7 月起须遵循该法规，在产车自 2024 年 7 月起须遵循该法规。

2021 年 7 月，工业和信息化部发布《关于加强智能网联汽车生产企业及产品准入管理的意见》，基于当前的产业、技术和管理现状，明确汽车生产企业实施软件升级的管理能力要求和升级活动备案要求，要求 OTA 升级活动应保证汽车产品安全和生产一致性。在企业能力方面，要求建立与升级活动相适应的管理能力、安全保障能力和用户告知机制。在升级活动备案方面，要求企业的升级活动向工业和信息化部备案；涉及安全、节能、环保、防盗等技术参数变更的，应按生产一致性管理要求提前向工业和信息化部申报后才能升级；企业未经审批不得通过在线升级等软件升级方式新增或更新汽车的自动驾驶功能等。

6.2.1 软件升级监测的目的

与离线升级相比，OTA 升级可以更灵活、便捷地迭代产品功能、优化产品性能、提升用户体验，已成为汽车生产企业提升产品竞争力的重要手段。同时，OTA 升级日益频繁，升级范围现已逐步扩展到动力、车身、底盘等系统，升级过程中涉及网络安全、数据安全等安全问题，也对生产一致性监管提出了新的挑战。因此，有必要对智能网联汽车的软件升级活动进行监测，保障升级活动安全、有序开展。

6.2.2　软件升级监测的内容

为了保障监测工作的针对性和有效性，需要明确软件升级监测的内容，主要包括车型功能监测和具体升级活动监测两个方面。

1. 车型功能监测

针对车型功能的监测，除应监测车型基本信息、安全措施、可在线升级的系统名称与参数、可在线升级的驾驶辅助功能名称与参数、驾驶辅助系统基础参数等信息外，还包括网络安全、升级功能、用户告知等方面的监测内容，保障车辆能够正确执行软件升级活动，同时为后续评估升级活动是否影响生产一致性做好准备。随着自动驾驶技术的成熟和落地应用，未来还会进一步扩展到自动驾驶系统及其功能、参数等信息。参考国际法规的要求，OTA 升级功能监测应包括表 6-1 中的具体内容。

表6-1　OTA升级功能的具体监测内容

OTA升级功能	具体监测内容
网络安全	应保护升级包的真实性和完整性，以合理地防止其受到损害，并合理地防止无效升级
	应保护车辆上的软件版本（集），防止未经授权的修改
	车辆应具备更新软件版本（集）的能力，应通过使用电子通信接口，至少通过标准接口（如OBD接口），易于通过标准化方式读取
升级功能	应确保车辆在执行软件升级之前满足适当的先决条件
	应确保只有当车辆有充足电量完成升级过程时才执行软件升级（包括可能恢复到以前版本或使车辆进入安全状态所需的电量）
	当执行软件升级可能影响车辆安全时，应在升级执行过程中通过技术手段确保车辆安全

续表

OTA升级功能	具体监测内容
升级功能	若软件升级的执行影响驾驶安全，至少应满足： （1）确保升级执行期间无法驾驶车辆； （2）确保驾驶员不能使用任何可能影响车辆安全或影响软件升级的车辆功能
	若升级失败或中断，车辆应能够恢复到以前的可用版本，或确保车辆处于安全状态
用户告知	在执行软件升级前，应告知车辆用户升级信息，告知的信息应包括： （1）升级目的； （2）车辆功能升级所实施的变更； （3）完成升级的预计时间； （4）升级执行期间可能不可用的任何车辆功能； （5）可能帮助车辆用户安全执行升级的任何指导信息
	在执行升级后，车辆应： （1）告知车辆用户车辆升级的结果（成功或失败）； （2）告知车辆用户已实施的变更，用户手册的相关更新（如果有）

2. 具体升级活动监测

参考国际法规要求，具体升级活动监测应该包括升级目标车型、本次升级的目标车辆、本次升级的系统名称与参数变化、用户告知内容及方式等信息，还需要汽车生产企业评估升级活动的影响，保证升级活动的可追溯性。具体评估内容应重点考虑以下要点：

（1）是否变更对应车型产品安全管理相关技术参数；

（2）是否涉及产品安全、环保、节能、防盗等技术性能变化；

（3）是否符合国家法律、行政法规、规章规定以及道路机动车辆安全管理相关国家技术标准及安全技术条件等；

（4）是否涉及汽车自动驾驶功能相关升级；

（5）是否确认升级包与目标车辆配置的兼容性，包括在发布升级之前对目标车辆的最新已知软件和硬件配置进行兼容性评估；

（6）升级活动是否影响车辆安全；

（7）升级活动是否提供用户确认选项；

（8）升级包是否通过测试；

（9）是否已验证、确认在线升级活动的安全性和可靠性。

6.3 小结

开展自动驾驶汽车安全监测评估，既是加强自动驾驶汽车安全管理的重要举措，也是优化、完善自动驾驶汽车安全管理体系的重要支撑。目前，驾驶辅助功能已经加速应用，但自动驾驶功能应用仍处于探索阶段，尚未实现大规模商用。随着自动驾驶技术的不断成熟和投入应用，自动驾驶汽车安全监测评估方法也需要不断优化、完善。

参考文献

[1] Economic Commission for Europe. New Assessment/Test Method for Automated Driving (NATM) Guidelines for Validating Automated Driving Safety (ADS) [Z]. United Nations: Economic Commission for Europe, 2023.

[2] International Organization for Standardization. ISO 26262: 2018 Road Vehicles—Functional Safety [S]. Geneva: International Organization for Standardization, 2018.

[3] International Organization for Standardization. ISO 21448: 2022 Road Vehicles—Safety of the Intended Functionality [S]. Geneva: International Organization for Standardization, 2022.

[4] International Organization for Standardization, and SAE International. ISO/SAE 21434: 2021 Road Vehicles—Cybersecurity Engineering [S]. Switzerland/United States, 2021.

第 **7** 章

未来展望

　　发展自动驾驶，有利于减少疲劳驾驶、酒后驾驶等人为因素导致的交通事故，保障交通安全；有利于将人类从重复、繁重的驾驶任务中解脱出来，使其能从事更具有创造性和创新性的工作，加快发展新质生产力；有利于更好地实现车辆之间的协同驾驶，优化交通流，提高交通效率；有助于推动汽车、电子信息、通信等行业的融合、创新，催生新的产业生态和商业模式，加快构建现代化产业体系；有利于协同推进智慧城市、智能交通、智慧能源等的建设，推动城市治理体系和治理能力现代化。但安全是事关汽车产业持续健康发展的第一要务，具有超过人类驾驶的安全可靠性是自动驾驶得以落地应用的关键前提。

　　近年来，随着算力的大幅提升、数据的爆炸式增长、新型基础设施的快速建设以及机器学习、深度学习等人工智能技术的快速迭代升级，汽车智能化、网联化发展迅猛，人工智能算法在人机交互、自动驾驶等领域的应用迅速拓展。自动驾驶汽车是集感知、决策、控制、执行等于一体的复杂信息物理系统，由于技术复杂性、应用场景动态多变性、人工智能算法"黑箱"难题等原因，功能安全、预期功能安全、网络安全、数据安全等风险交织、叠加，车辆安全运行面临诸多新的风险，安全形势更加复杂、严峻。

　　自动驾驶系统不知疲惫、不会分神、不受情绪影响，降低了酒后驾驶、疲劳驾驶等人为因素的干扰，可以更加准确地遵守明确的交通规则，减少违规行为，但相比人类驾驶员，自动驾驶系统缺乏情感和直觉，无法像人类驾驶员一样凭直觉做出判断，适应性和创造力也存在不足。进行自动驾驶汽车安全测试评估，需要关注车辆在其设计运行范围内、合理可预见场景下的综合表现，系统、全面地测试评估自动驾驶系统应对标称场景、危险场景和边缘场景的能力。不容回避的是，迄今为止，与机器智能系统相比，人类仍然具有更强的联想、抽象和推理能力，可以更好地快速适应不同的环境和情况变化，处理更加复杂和抽象的问题，机器智能目前仍然无法完全模拟或替代人类智能的复杂性和多样性。

　　因此，在推进自动驾驶汽车产业创新发展的过程中，必须保持冷静、理性的态度，努力规避技术瓶颈和安全风险，循序渐进地推进自动驾驶落地应用。在研究自动驾驶汽车测试评估方法时，也需持续加强系统研究，保障测试评估方法的系统性、全面性和科学性。

　　综合来看，对于自动驾驶汽车而言，通过合理设计运行条件有助于减少安全风险，但如何验证自动驾驶系统在其声明的设计运行范围内、合理可预见场景下能够遵守安全技术要求、道路交通规则等法律法规和标准规范要求，不造成不合理的安全风险，依然是一个需要持续深入研究的复杂系统问题。与此同时，随着感知、决策、控制等技术的持续迭代演进，车路云一体化协同发展，自动驾驶的技术实现路线更加多元，自动驾驶汽车及其安全的内涵和外延也在发生变化，安全测试评估的对象及方法也需要不断调整、优化。

7.1　自动驾驶汽车安全测试评估方法优化

为有效应对自动驾驶带来的安全风险，切实维护公民生命、财产安全和公共安全，UN/WP.29 下属 GRVA 牵头提出的"多支柱"测试评估方法，逐步获得了行业的广泛认可。参考国际最新理论研究和管理实践，结合国内产业、技术和管理等实际，本书研究并提出了一套融合基于场景的测试、网络安全测试、数据安全测试、安全事件监测等技术手段的自动驾驶汽车综合测试评估方法，但相关方法还需要伴随自动驾驶技术和产品的迭代升级而持续优化完善。

7.1.1　基于场景的测试评估方法研究

基于场景的测试评估方法，通过分析自动驾驶功能定义、设计运行条件、安全目标等影响因素，形成较为系统、全面的测试场景输入，综合采用模拟仿真、封闭场地和实际道路测试方法测试自动驾驶汽车的安全表现。其因具有高效、客观、可复制、可扩展等特点，可以为综合评估自动驾驶汽车安全性提供较为系统、科学的实证支持，现已成为测试评估自动驾驶汽车安全性的主攻方向。综合来看，模拟仿真测试、封闭场地测试和实际道路测试 3 种方法各有优缺点，见表 7-1。

表7-1　基于场景的测试评估方法的优缺点对比

测试评估方法	场景保真度	成本	效率	可复制性	安全性	场景覆盖度
模拟仿真测试	低	低	高	高	高	高
封闭场地测试	中	高	低	中	中	低
实际道路测试	高	中	中	低	低	中

综合目前的产业和技术现状，在实际测试工作中，需要结合3种测试方法的优缺点，按照合理的逻辑顺序有序开展测试工作，以期更好地实现3种测试方法的优势互补。首先，应基于自动驾驶功能的设计运行条件，构建充分、合理的场景数据集，通过模拟仿真测试，初步评估自动驾驶汽车的安全表现并验证设计运行条件边界，识别危险场景和边缘场景；其次，通过封闭场地测试，基于选定的典型场景，验证车辆的自动驾驶功能，并进一步验证评估模拟仿真测试的可信度；最后，通过实际道路测试，基于充分的测试里程、时长，以及测试场景要素覆盖，评估自动驾驶汽车应对实际交通场景的安全性和可靠性，并将实际道路测试中有价值的新场景更新到场景数据集中。在实际测试过程中，需评估自动驾驶功能及其设计运行条件、测试项目以及测试环境（如软件、硬件、车辆、驾驶员、道路环境等），综合研究制定测试策略。

测试场景的选择和设计是自动驾驶安全测试评估的关键环节，测试场景需要覆盖设计运行条件下的道路类型、交通状况、天气条件等复杂组合，以支撑全面评估自动驾驶系统的性能，但当前仍面临难以全面、准确模拟真实世界复杂环境的挑战，缺乏测试场景库构建的完备逻辑和公认准则，导致测试结果可能与实际运行结果存在差异。标称场景、危险场景与边缘场景三者之间如何有效协同，实现对自动驾驶典型风险的全面覆盖，仍需持续加强研究并形成科学的方法论。此外，由于自动驾驶功能及其设计运行条件的差异，测试需求趋于个性化、碎片化，对于产品合规类检测，测试场景的筛选逻辑与泛化逻辑还需要兼顾针对性、有效性、一致性和公正性等要求。

具体来看，当前模拟仿真测试的传感器模型、车辆动力学模型等的准确性不高，仿真测试工具的置信度参差不齐，计算性能和运行效率偏低，仿真平台之间的接口定义不明确、不统一，仿真测试结果的一致性和可追溯性有待加强；封闭场地测试的测试场景建设缺乏理论和数据基础，针对性不强，柔性建设、连续性测试、设计运行条件边界测试等设备能力及标准化均是行业需要突破的技术难点；实际道路测试的道路选择、里程确定与测试场景覆盖度的关联关系，仍需要大量实证支撑推动形成量化准则。

相比而言，由于实际道路测试与真实应用场景的契合度更高，如果测试场景选择合理，将有利于更好地发现存在的安全风险，但实际道路测试的安全风险较大、更加耗时费力。能否通过持续不断的测试数据和经验积累，逐步实现对应用场景的精准提取、系统分析和科学建模，进而逐步增加模拟仿真测试、封闭场地测试的比例和技术要求，有序降低对实际道路测试的要求和依赖，也是一个值得深入探讨的方向。

7.1.2 预期功能安全测试评估方法研究

预期功能安全领域重点研究如何解决由功能不足或可合理预见的人员误用所导致的危害和风险，特别是在复杂环境和场景中的非预期安全问题。目前，自动驾驶预期功能安全测试评估领域已经在理论研究、标准编制、数据驱动的评估方法等方面取得了一定的进展。例如，ISO 21448: 2022、ISO 34502: 2022 等标准的制定，为自动驾驶预期功能安全管理提供了更加系统、明确的理论和方法指导，通过收集实际驾驶数据、构建逼真的驾驶场景和模拟可能的驾驶情况，有助于识别潜在的安全风险，更加科学地评估自动驾驶安全。

不过，受道路环境复杂性、交通参与者多样性和行为不确定性、天气和光照条件多变等因素交织的影响，准确识别和评估自动驾驶系统的潜在风险，还面临不少挑战和问题，仍需从理论到实践的突破。

首先，由于道路类型、交通标志、车道线、交叉路口、交通信号灯等要素各异，加之路面损坏、施工区域、障碍物等不确定性因素的叠加影响，以及车辆、行人、非机动车、动物等交通参与者的个体差异和预测难度，如何测试评估自动驾驶系统的感知和决策能力，面临巨大的技术挑战。其次，雨天、雪天、雾天等恶劣天气条件会降低传感器的感知能力，而光照强度的变化也会影响摄像头的成像质量，如何准确建模、测试评估自动驾驶系统在设计运行范围内各种天气和光照条件下的鲁棒性，也是需要重点攻关的难题之一。最后，驾驶员的误操作或滥用自动驾驶系统也可能导致潜在的安全风险，评估预期功能安全时需要充分考虑驾驶员的行为和习惯，这也需要持续的研究。

总体来看，目前自动驾驶领域的预期功能安全研究较热，但仍处于快速发展和不断探索的阶段，尚未形成系统完备的方法体系，依然需要行业不断研究和优化、完善。

7.2 多方协同模拟仿真测试体系

基于场景的测试评估方法具有高效、客观、可复制、可扩展等特点，现已获得行业的广泛认可，场景资源显著增加，模拟仿真测试的重要性大幅提升，充分、合理的场景输入是关键。我国的汽车生产企业、科技公司、行业机构等纷纷加大测试工具研发、自建测试场景库[1-4]，但存在仿真测试工具不成体系、良莠不齐，场景采集效率低、成本高、重复采集浪费严重，以及场景资源分散、整合共享和开发利用不足等问题。

尤其是在场景领域，联合国、美国、日本、英国等国家或组织[5-9]均致力于为自动驾驶技术研发、测试提供实用、便捷的场景数据资源，推动建设面向型式批准的国家级场景库，以抢占先发优势。VMAD非正式工作组[9]下设场景子工作组，联合缔约方研究共建场景库，通过基于场景的"多支柱"法来验证自动驾驶系统的安全要求符合性；日本SAKURA项目[7]研究将动态驾驶任务拆解为感知、决策和控制子任务来构建国家公共场景库，用于支持自动驾驶安全评估；英国交通部[8]支持构建的MUSICC国家共享场景库，是专门为智能网联汽车安全管理使用而设计的多用户场景库，并计划用于智能网联汽车的型式批准。

7.2.1 多方协同的模拟仿真测试平台

新型举国体制优势、超大市场规模、丰富应用场景和海量数据资源是我国发展产业的独特优势，在推动我国经济高质量发展、实现产业转型升级方面发挥着重要作用。智能网联汽车面临海量场景测试挑战，与实车测试方法相比，模拟仿真测试以其高效率、低成本、高安全性、高覆盖度等优势，成为测试验证智能网联汽车安全的重要支柱之一。但当前，我国的智能网联汽车模拟仿真测试仍面临场景库数据资源分散、场景重复采集、质量参差不齐、覆盖度不足，以及工具链开发技术难度大、测试效率低、拟真度低等问题。

因此，还需要集中优势力量，加快构建高效、安全、可信的多方协同模拟仿真测试平台，进一步深入研究智能网联汽车模拟仿真测试共建共用体系，突破多方协同模拟仿真测试中基于区块链技术的数据资源确权发布、仿真结果存证与溯源、算法隔离保护等关键技术，加快测试场景、模型等数据共享，更好地保障参与各方的权益，提高其积极性。针对仿真测试场景和工具多源异构、集成复杂等问题，应加快研究典型场景中间表示方法和不同场景格式转换算法，提高仿真测试工具接口的标准化、通用化能力。此外，还需要研究面向异构分布式计算平台的模拟仿真测试架构，突破智能网联汽车模拟仿真测试工具封装技术、基于混合云的多方协同运行机制，以及仿真工具自动部署、任务分布式协同与并发、大规模仿真并行与存算资源动态调配等关键技术，持续提高测试质量和效率。

7.2.2 基于基础模型的场景生成方法

随着自动驾驶技术的不断发展，场景生成技术的要求越来越高。未来的场景生成技术需要能够模拟出更加丰富、多样化的驾驶场景，以应对更加复杂的驾驶环境。基于实车、路侧设备等设备采集场景数据，成本高、效率低。基于规则的场景生成方法，可以通过预设的规则和条件来生成驾驶场景，简单、直观，容易理解和实现，但生成的场景缺乏多样性和真实性，难以覆盖可能的驾驶情况。基于传统机器学习方法，能够生成具有多样性和复杂性的驾驶场景，适应不同的驾驶条件和需求，但需要大量的真实驾驶数据来进行算法训练，生成的场景受到训练数据的影响，存在一定的偏差。

在大模型时代，规模法则为模型性能不断提升提供了重要的研究方向。模型参数、数据集等规模的快速增长，正在持续带动模型能力的涌现和模型性能的快速提升，基于基础模型的场景生成方法应运而生。与此同时，为了加快场景生成效率、降低生产成本、提高场景资源的覆盖度，还需要针对自动驾驶仿真场景生成泛化性差、物理关系不明确等难题，开展基于基础模型的仿真场景生成理论、机制和算法研究，挖掘基础模型的物理世界建模能力，突破可泛化、明确物理关系等场景生成的技术瓶颈，持续优化升级自动驾驶场景生成系统，以更好地支撑自动驾驶模拟仿真测试场景库建设。

7.2.3 模拟仿真测试国家基础场景库

随着新一轮科技革命和产业变革的深入，数据作为关键生产要素，价值日益凸显，现已成为国家的重要战略资源，对于经济发展、社会进步、保障国家安全以及提升全球竞争力都具有至关重要的作用。发挥数据要素的放大、叠加、倍增作用，促进道路基础设施数据、交通流量数据、驾驶行为数据等多源数据的融合应用，有助于提高智能网联汽车的创新服务、主动安全防控等水平，也是推动汽车产业高质量发展的必然要求。对于我国汽车、电子信息、人工智能等领域的企业、科研机构而言，如何充分发挥我国丰富的应用场景、数据资源等优势，加快测试场景资源的共享共用，探索构建模拟仿真测试国家基础场景库，是目前亟待解决的关键问题。

首先，应在保障安全合规的基础上，通过数据确权保障场景数据采集、加工等数据处理者的劳动和其他要素贡献，保证其投入的劳动和其他要素贡献获得合理的回报，提高多方参与的积极性，探索通过多方协同、共享共建等方式，加速场景资源的集中。同时，应基于测试实证和行业最佳实践，不断提取、积累面向自动驾驶功能及其设计运行条件的高价值测试场景，持续完善模拟仿真测试国家基础场景库，建立面向实际应用的最大化覆盖、动态更新的场景资源池，逐步建立通用、科学、客观、安全的基础数据服务工具，为自动驾驶汽车安全测试评估工作提供高价值、高覆盖度的场景输入。此外，还需要加快突破场景分布和显著性分析、自适应测试需求分解和场景随机遴选等技术，探索构建基准测试评估体系，保证测试的科学、一致、公平、公正，为行业管理等提供有力的技术支持。

7.3 车路云一体化自动驾驶安全

对于自动驾驶功能的技术实现路径而言，大致可以分为单车智能和车路云一体化两大类。对于单车智能自动驾驶而言，主要依赖车辆自身智能技术的发展，对交通基础设施、信息基础设施的依赖度较低，对于汽车生产企业而言，开发的独立性和部署的灵活性相对更高，但感知、决策主要依靠车辆自身的感知设备和所获信息，存在一定的物理边界，信息来源存在局限性，可能无法全面感知周围环境，会影响驾驶决策的准确性，在有些情况下容易陷入局部最优，无法达到全局最优。此外，为了实现单车智能自动驾驶，需要在车辆上安装大量传感器、大算力车载计算平台等设备，增加了单车成本。

与之相比，基于车路云一体化的自动驾驶，通过集成车辆、道路和云端资源，可以实现更为广泛的信息共享和协同决策，有助于突破单车的感知边界和算力瓶颈，弥补单车智能技术路线中面临的环境感知风险，提高算力资源的综合利用率，降低单车成本，更好地实现交通群体协同运行。但其支撑实现自动驾驶应用的系统更加复杂，对信息基础设施、网络基础设施、交通基础设施等的依赖性大幅提升，相关基础设施的建设维护成本显著增加，网络安全、数据安全等安全风险也更加突出。

7.3.1 车路云一体化安全风险研究

对于车路云一体化自动驾驶，车－路、车－云之间的协同方式从协同时效性的角度来看，大体可以分为实时协同和非实时协同；从协同完成的任务的角度来看，大体又可以分为协同感知、协同决策和协同控制。实际上，目前车－云之间的非实时协同已经有了一些落地应用，如车载导航、自动驾驶算法训练等，车端依法、合规地收集数据并发送至后端云平台，云平台开展数据分析和模型训练，然后将训练结果推送至前端应用；车－路、车－云之间的弱实时协同也已经在部分城市开展示范应用，如碰撞预警、车速引导等，并且正在探索从信息服务类向交通效率类、交通安全类服务拓展，但由此也带来了新的安全风险。

首先，随着路侧设备、云端系统等参与自动驾驶"感知－决策－控制"的自动驾驶控制闭环，相关交通基础设施、信息基础设施等事实上已经演变成"自动驾驶系统"的重要组成部分，自动驾驶系统的定义将发生变化，内涵和外延继续延伸。从系统工程角度出发，为了保障自动驾驶安全，相关系统、部件自然需要满足相应的功能安全、预期功能安全等要求。其次，由于涉及多个系统之间的通信和交互，系统的安全性和可靠性就成了需要考虑的重要因素。如果受到干扰或攻击，可能导致车辆无法接收到正确的指令或信息，从而引发安全风险。再次，云端的数据处理和存储也面临新的安全风险，如果云端数据被非法获取或篡改，可能导致车辆控制异常或行驶路线被改变，从而引发交通事故。最后，车路云一体化自动驾驶还需要考虑如何与交通管理法律法规和管理支撑系统进行有序、高效的衔接和配合，以确保其合法性和安全性。

7.3.2 车路云一体化安全测试评估体系

车路云一体化自动驾驶涉及的参与主体更多，系统结构更复杂，安全风险更多元，在测试评估对象、测试评估内容、测试评估方法等方面都与单车智能自动驾驶存在较大的不同。例如，车路云一体化自动驾驶需要车辆、道路基础设施和信息基础设施之间的紧密协作和实时交互，路侧系统、云端系统参与数据处理、决策制定等工作，位置和作用更加凸显，必须有针对性地加强安全性验证、数据加密传输、访问控制等测试评估工作，确保相关系统的研发质量、网络安全和数据安全。与此同时，由于车辆往往处于高速运动的情景中，通信通道和通信环境更为复杂，网络拓扑结构快速变化，相较于其他传统无线通信方式呈现出频段高、通信通道时变、通信距离短和低天线高度等特性，车路云一体化自动驾驶安全测试评估的测试环境更加复杂。

伴随着自动驾驶汽车，尤其是自动驾驶系统的定义、内涵和外延的变化，首先，有必要进一步明确自动驾驶安全测试评估的研究对象、测试评估目标和范围，包括参与测试评估的车辆、道路基础设施、信息基础设施及其之间的通信、交互和协同。其次，应进一步梳理车辆、道路基础设施和信息基础设施等可能存在的安全隐患，系统识别硬件故障、软件缺陷、网络攻击、数据泄露等安全风险，全面分析这些安全风险可能给自动驾驶汽车安全性、可靠性、稳定性等带来的不利影响，明确各参与方的职责定位、责任范围以及对应的管理、技术要求。最后，在此基础上，需要有针对性地完善技术保障体系，加强安全测试评估技术研究，强化测试能力建设，促进各方协同发力，更好地统筹发展和安全、有序推进车路云一体化自动驾驶的商业化应用，更好地保障自动驾驶汽车在复杂环境下的稳定性和安全性，降低潜在的安全风险，切实维护人民群众生命财产安全、社会安全和国家安全，推动汽车产业高质量发展。

参考文献

[1] 唐绍春, 沈云麒, 蔡国华, 等. 基于车联网路侧数据构建智能网联汽车仿真测试场景库的研究与实践 [J]. 信息通信技术与政策, 2024, 6: 83-88.

[2] 夏利红, 陈华, 周孝吉, 等. 基于场景的自动驾驶仿真测试评价服务云平台及应用方法 [P]. ZZ20100015B, 2022-09-22.

[3] 王士焜, 苏芮琦, 张峻荥, 等. 基于封闭办公园区的自动驾驶场景分析[J]. 汽车科技,

2021, 5: 59-65.

[4] 董小飞, 顾海雷. 自然驾驶场景数据采集系统开发应用与场景分析[J]. 质量与标准化, 2021.

[5] Mcity. Driving progress: 2019 annual report [R]. United States: Mcity, 2019.

[6] University of Warwick. Safety pool scenario database: introduction [R]. The United Kingdom: University of Warwick, 2022.

[7] SAKURA. Towards the harmonization of safety assessment methods of automated driving [R]. Japan: SAKURA, 2021.

[8] Department for Transport. Automated vehicles in the UK [R]. The United Kingdom: Department for Transport, 2019.

[9] Economic Commission for Europe. New Assessment/Test Method for Automated Driving (NATM) Guidelines for Validating Automated Driving Safety (ADS) [Z]. United Nations: Economic Commission for Europe, 2023.

附录　术语解释

智能网联汽车（Intelligent and Connected Vehicle，ICV）：搭载先进的车载传感器、控制器、执行器等装置，并融合现代通信与网络技术，实现车与 X（人、车、路、云端等）智能信息交换、共享，具备复杂环境感知、智能决策、协同控制等功能，可实现安全、高效、舒适、节能行驶，并最终可替代人来操作的新一代汽车。

自动驾驶功能（Automated Driving Function）：驾驶自动化系统在特定的设计运行条件下代替驾驶员持续、自动地执行全部动态驾驶任务的功能。3 级及以上驾驶自动化功能的总称，包括"有条件自动驾驶""高度自动驾驶""完全自动驾驶"功能。

自动驾驶系统（Automated Driving System，ADS）：由实现自动驾驶功能的硬件和软件共同组成的系统。3 级及以上驾驶自动化系统的总称。

驾驶自动化（Driving Automation）：车辆以自动的方式持续地执行部分或全部动态驾驶任务的行为。

动态驾驶任务（Dynamic Driving Task，DDT）：除策略性功能外的车辆驾驶所需的感知、决策、控制和执行等行为，包括但不限于车辆横向运动控制、车辆纵向运动控制、目标和事件探测与响应、驾驶决策、车辆照明及信号装置控制。策略性功能包括导航、行程规划、目的地和路径的选择等。

设计运行范围（Operational Design Domain，ODD）：驾驶自动化系统设计时确定的适用于其功能运行的外部环境条件。典型的外部环境条件包括道路、交通、天气、光照等。

目标和事件探测与响应（Object and Event Detection and Response，OEDR）：对目标和事件进行探测，并进行适当的响应。

动态驾驶任务后援（Dynamic Driving Task Fallback）：当发生即将超出设计运行范围、驾驶自动化系统失效或车辆其他系统失效等不满足设计运行条件的情况时，由用户接管或由驾驶自动化系统执行最小风险策略的后备支援行为。

动态驾驶任务后援用户（DDT Fallback-Ready User）：当 3 级驾驶自动化系统工作时，可以识别驾驶自动化系统发出的介入请求和明显的动态驾驶任务相关的车辆事故，并执行接管的用户。

介入请求（Request to Intervene）：驾驶自动化系统请求动态驾驶任务后援用户执行接管的通知。

接管（Take Over）：动态驾驶任务后援用户响应介入请求，从驾驶自动化系统获得车辆驾驶权的行为。

干预（Intervene）：用户主动通过系统已明确的有效方式影响驾驶自动化系统执行动态驾驶任务的行为。

设计运行条件（Operational Design Condition，ODC）：驾驶自动化系统设计时确定的适用于其功能运行的各类条件的总称，包括设计运行范围、车辆状态、驾乘人员状态及其他必要条件。

最小风险状态（Minimal Risk Condition，MRC）：车辆事故风险可接受的状态。

最小风险策略（Minimal Risk Maneuver，MRM）：驾驶自动化系统无法继续执行动态驾驶任务时所采取的使车辆达到最小风险状态的措施。

功能安全（Functional Safety，FUSA）：不存在由电子电气系统的功能异常行为引起的危害而导致不合理的风险。

预期功能安全（Safety of the Intended Functionality，SOTIF）：不存在因预期功能或其实现的功能不足引起的危害而导致不合理的风险。

网络安全（Cyber Security，CS）：通过采取必要措施，使汽车的电子电气系统、组件和功能免遭网络威胁，确保车辆及其功能处于被保护的状态。

数据安全（Data Security，DS）：通过采取必要措施，确保数据处于被有效保护和合法利用的状态，以及具备保证持续安全状态的能力。

软件升级（Software Update）：根据需要将某版本的软件程序或配置参数更新到另一个版本的过程。

在线升级（Over-the-Air Update，OTA升级）：通过无线方式而不使用电缆或其他本地连接进行数据传输的软件升级。

失效识别与安全响应（Failure Identification and Safety Response）：自动识别自动驾驶系统失效以及是否持续满足设计运行条件，并采取风险减缓措施以达到最小风险状态。

事件数据记录系统（Event Data Recorder，EDR）：由一个或多个车载电子模块组成，具有监测、采集并记录碰撞事件发生前、发生时和发生后车辆和乘员保护系统的数据功能的装置或系统。

自动驾驶数据记录系统（Data Storage System for Automated Driving，DSSAD）：装备在具备自动驾驶功能的车辆上，在自动驾驶系统激活期间具备监测、采集、记录和存储数据功能并支持读取记录数据的系统。

事件（Occurrence）：搭载自动驾驶系统车辆的安全相关情况。

标称场景（Nominal Scenario）：自动驾驶系统在设计运行条件下合理可预见的常规场景。

危险场景（Critical Scenario）：自动驾驶系统可能触发紧急操作的场景（如紧急切入场景），以及失效场景。

边缘场景（Corner Scenario）：设计运行条件边界的场景，以及小概率场景（如非预期场景）。

有碰撞风险（Imminent Collision Risk）：若车辆没有采取足够的控制措施，将导致车辆与其他道路使用者或障碍物发生碰撞的一种情况或一个事件。

紧急策略（Emergency Manoeuvre，EM）：车辆在面临有碰撞风险的情况下由系统执行的一种操作，其目的是避免或减轻碰撞。

应用场景（Application Scenario）：由设计运行条件要素组成的连续场景集合（场景的描述）。